イタリア語検定 2級突破

一ノ瀬俊和 監修　日向太郎 著

Italiano: Prova di abilità linguistica

三修社

トラック対応表

第11章　読解問題

Track		頁	Track		頁	Track		頁
1	練習1	136	5	練習5	145	9	練習9	160
2	2	138	6	6	148	10	10	164
3	3	140	7	7	152			
4	4	143	8	8	156			

第13章　聞き取り問題

Track		頁	Track		頁	Track		頁
	parte I		21	練習4	197		parte IV	
11	練習1	185	22	5	198	31	練習1	210
12	2	187	23	6	199	32	2	212
13	3	188	24	7	201	33	3	213
14	4	189		parte III		34	4	214
15	5	190	25	練習1	203	35	5	215
16	6	191	26	2	204	36	6	216
17	7	192	27	3	205		parte V	
	parte II		28	4	206	37	練習1	217
18	練習1	193	29	5	207	38	2	219
19	2	194	30	6	209	39	3	220
20	3	196				40	4	222

● 音声ダウンロード・ストリーミング

本書の付属 CD と同内容の音声がダウンロードならびにストリーミング再生でご利用いただけます。PC・スマートフォンで本書の音声ページにアクセスしてください。

https://www.sanshusha.co.jp/np/onsei/isbn/9784384004816/

は　じ　め　に

　「実用イタリア語検定試験」2級の受験者は，1995年以来少しずつ増加しています。しかし合格率は例年10％前後であり，この数字は試験の難易度の高さを物語っているように思われます。検定協会の発表では，一次試験において総合得点では80％，しかもリスニング，筆記（文法と読解），作文の分野ごとに70％以上の得点が求められています。

　これに加え，一次試験合格者には3級の試験にはなかった二次試験（口述試験）も課せられています。読むこと，書くこと，聴くこと，話すことに関してバランスのとれた語学能力が求められているのです。また，3級までは接続法や遠過去などの未習文法事項を配慮した出題がなされていますが，2級においてはこのような「配慮」はありません。総合的かつ正確な文法知識を備えていることが，前提となっています。単語や熟語などすべてを記憶することは不可能ですが，たとえ知らないものが出たとしても言い訳はできません。そのような意味において，まったく範囲のない試験なのです。

　もっとも，範囲はないとはいえ，出題傾向は存在します。もっと正確に言えば，出題者が日本人のイタリア語学習者に求めているものは，出題例に現れています。本書は，過去の出題例を徹底的に分析し，文法，読解，作文，聞き取りのそれぞれの分野で何が問われ，学習上どこに重点を置くべきか，またどのような対策をとるべきかを示しました。土台になるのはもちろん，恒常的な読解，作文，聞き取りの訓練であり，イタリア人とのコミュニケーションの経験ですが，こうした訓練や経験を生かし，効率的な試験勉強をする上で，本書を役立てていただければ幸いです。

　本書を執筆するにあたって，Rosanna Lauriola 氏，安達万里子氏から貴重なアドバイスをいただきました。横倉裕子氏，黒木真弓氏，大崎さやの氏からは，貴重な情報をいただきました。また，監修に関しては一ノ瀬俊和氏，イタリア語校閲に関しては Alda Nannini 氏のご協力を仰ぎました。この場を借りて，感謝の意を表します。

　本書が，イタリア語検定2級をめざす方々の準備に役立ち，さらに1級受験への足がかりとなることを心から願ってやみません。

筆　者

もくじ

本書をご利用いただくために ……………………………………… 5
実用イタリア語検定の概要 …………………………………………… 7
第1章　関係詞 ……………………………………………………………… 9
第2章　ジェルンディオ ………………………………………………… 20
第3章　受動態と非人称のsi ………………………………………… 28
第4章　遠過去と前過去 ………………………………………………… 38
第5章　接続法 ……………………………………………………………… 45
第6章　条件法 ……………………………………………………………… 62
第7章　時制と法の照応 ………………………………………………… 72
第8章　文法総合問題 …………………………………………………… 85
第9章　文章中の空所補充型問題 …………………………………… 117
第10章　成句 ……………………………………………………………… 128
第11章　読解問題 ………………………………………………………… 134
第12章　作文問題 ………………………………………………………… 168
第13章　聞き取り問題 ………………………………………………… 184
第14章　二次試験 ………………………………………………………… 225

本書をご利用いただくために

検定試験の概要によれば，3級では「基本的なイタリア語」の理解が求められているのに対し，2級では「日常生活や業務上必要なイタリア語を理解し，一般的なイタリア語を読み，書き，話せる」力が求められています。この「基本的」と「一般的」の違いは，どこにあるのでしょうか。

それは，何よりも文法にあると言ってよいでしょう。3級では控えられていた接続法，ジェルンディオ，受け身の表現，時制の一致などが出題されています。2級では，文法全般にわたる知識が問われていることになります。本書においては，まずこうした部分の概説を行い，類題や予想される問題をあげておきました。これに加えて，3級以来の頻出事項（関係詞，条件法，補語人称代名詞，小詞，比較表現，前置詞）についても練習問題を用意しました。これらを模擬試験問題と考えて解くだけではなく，正解とされない選択肢についてもどこが誤りなのか，どこを直せば正解になるのか考えることが必要であり，それを明瞭に説明できるようになることが理想です。問題を解く際には，単に正解に達すればよしとするのではなく，自らの判断の過程も「解答」の説明を見ながらチェックしてください。

読解問題については第11章，聞き取り問題については第13章に用意しました。2級の読解問題は，3級のそれよりも数が多く，また一つ一つの課題文も長めで難しいものになっています。聞き取り問題については，録音文の細かいところまで正確に聞き取れるか否かが問われています。読解にせよ，聞き取りにせよ，分量の割には与えられている時間が少ないので，迅速に問題を解くことは不可欠ですが，それ以上に正確な情報処理能力が要求されます。したがって，実戦を意識して問題を解くとともに，読解課題文や聞き取り録音文をできるだけ細部にわたって理解するように努めてください。読解課題文については，全訳を試みるのがよいでしょう。面倒なようでも，精緻な読解力をつけるためには，やはりそれがもっとも有効な勉強方法です。聞き取り録音文は聞き流すだけでなく，書き取ってみてください。細部まで聞き取るための練習になります。「大意」や「スクリプト」は，こうした練習に役立つことでしょう。また，ＣＤには聞き取り問題の他に第11章の文章も録音してありますので，同様の練習に活用してください。

作文問題については，第12章で扱っています。「一般的なイタリア語」を書くには，よく用いられる表現を中心とした明解な文章を心がけることが大切で

す。「語句と文法」には，このような方針に即して表現上のポイントとなる部分について説明を加えました。自らの表現領域を拡大する上で，参考としてください。

最後の第14章には，二次試験対策を示しておきました。この章は一次試験が済んでから読むのではなく，2級の試験では結局のところ何が求められているのかを把握するために，早い段階で目を通すことをおすすめいたします。

実用イタリア語検定の概要

イタリア語検定協会が以下のような概要を公表していますので，まず見ておきましょう。本書は2級受験者を対象としていますが，「イタリア語検定」の全体像を知るためにも，5級〜1級の程度もあわせて紹介いたします（2003年7月現在）。

◀程度▶

5級 初歩的なイタリア語を理解できること。初歩的な挨拶・紹介・質問への返答などが口答で表現できる能力が要求される。

4級 平易なイタリア語を聴き，読み，書き，話せること。自己紹介・簡単な道案内・買物・バールでの簡単な注文などの平易なコミュニケーションができる能力が要求される。

3級 日常生活に必要な基本的なイタリア語を理解し，特に口答で表現できること。日常的な範囲の紹介・伝言・簡単な電話・簡単な手紙など基本的な表現ができる能力が要求される。大学2年修了程度の学力を標準とする。

2級 日常生活や業務上必要なイタリア語を理解し，一般的なイタリア語を読み，書き，話せること。一般的な説明・報告・通訳がある程度できる能力が要求される。4年制大学のイタリア語専門課程卒業程度の学力を標準とする。

1級 広く社会生活に必要なイタリア語を十分に理解し，かつ自分の意思を的確に表現できること。新聞・雑誌などを読み，ニュース放送や映画などを聴き，要約できるイタリア語の能力と知識が要求される。4年制大学のイタリア語専門課程卒業程度の学力を標準とする。

◀出題形式（2級の一次試験）▶

リスニング問題と筆記問題です。解答はリスニング・筆記ともにマークシート形式です。リスニングでは会話などの自然な流れのイタリア語を聴きとる問題です。筆記には語彙・文法・読解問題などが含まれ，その他に記述（作文）問題が出題されます。試験時間は120分です。

◀問題の説明◀（2級の一次試験）▶

- 検定問題はリスニング問題（COMPRENSIONE AUDITIVA）と筆記問題（PARTE SCRITTA）です。リスニング問題が終了したら引き続き筆記問題を解答してください。
- リスニング問題では，問題文は2度繰り返して読まれます。また，ページをめくる時とパート（PARTE）が変わる時には合図の音が流れます。
- 解答は，選択肢の中から最も適当なものを1つだけ選び，解答用紙（マークシート）の該当する記号を黒の鉛筆（HB）で塗りつぶしてください。
- 記述問題の解答は解答用紙（マークシート）の裏面に記入してください。
- 問題中の指示は，リスニング・筆記ともすべてイタリア語です。

◀一次試験の合格基準◀（2級）▶

総合得点で約80％以上で，リスニング・筆記・作文の各分野ごとに約70％以上の得点が求められます。

◀二次試験▶

一次試験合格者に対して実施されます。試験形式は面接による質疑応答です。

◀試験日程▶

春季（3月）　3級・4級・5級
秋季（10月）　1級・2級・3級・4級・5級　（1級・2級の二次試験は11月〜12月）

◀試験地▶

一次試験　札幌・仙台・東京・横浜・福井・名古屋・京都・大阪・岡山・広島・福岡・宮崎・那覇／ミラノ・ローマ
二次試験　東京・大阪／ミラノ・ローマ

◀併願▶

1級と2級，2級と3級，3級と4級，4級と5級の併願が可能です。

◀問い合わせ先▶

イタリア語検定協会
〒150-0031 東京都渋谷区桜丘町 8-18 4F　　Tel: 03-5428-5630

第 1 章　関係詞

まず，重要な関係詞の用法をまとめておきましょう。

che

関係詞節の主語または直接補語として用いられる場合

先行詞は，人でも物でも構いません。

Ho incontrato una ragazza che lo conosce.
　　私は彼を知っている少女に出会った。［主語］

Ieri è arrivata la lettera che Guido mi aveva spedito la settimana scorsa.
　　昨日，グイードが先週私に送った手紙が届いた。［直接補語］

関係詞節の副詞として用いられる場合

Ogni volta che leggo la *Divina Commedia*, scopro una cosa nuova.
　　『神曲』を読むたびに，私は新しい発見をする。

Come posso dimenticare il giorno che ci siamo incontrati per la prima volta ?
　　私たちが最初に出会った日を，私がどうして忘れることができようか？

chi

「…する人，者」の意味で用いられ，3人称男性単数として扱われます。先行詞を含み，関係詞節の主語や直接補語として機能します。

Chi va piano va sano e va lontano.
> ゆっくり行く者は，無事に遠くまで行く（急がば回れ）。［諺］

Natale con i tuoi, Pasqua con chi vuoi.
> クリスマスは家族と過ごし，復活祭は好きな人と過ごせ。［諺］

quale

先行詞は人でも物でもよく，先行詞の数に応じて変化します。また，必ず定冠詞を付けて用います。関係詞節の直前にいくつかの名詞がある場合に，先行詞がどれであるかを明示するためによく用いられます。口語ではあまり用いられません。

La sorella di un mio amico, la quale ha studiato in America, si sposerà con un avvocato giovane e promettente.
> ある友人の妹は，アメリカで勉強し，若くて有望な弁護士と結婚することになっている。
>
> ❖先行詞は La sorella なので，関係代名詞は女性単数 la quale となります。

Questo fenomeno ha diverse cause delle quali non è facile accorgersi.　この現象には，なかなか気付かないさまざまな原因があります。
> ❖delle quali（= di + le quali）の先行詞は，女性複数の diverse cause です。

cui

先行詞は人でも物でもよく，次のような用法があります。

前置詞とともに

La casa in cui abitavo era lontana dal centro storico.
> 私が住んでいた家は，歴史的中心街から離れていました。

Il professore con cui studiavo storia dell'arte bizantina si è trasferito in una università statunitense.
> 私がついてビザンティン美術史を学んでいた教授は，あるアメリカの大学へ移ってしまった。

関係代名詞の所有格として

定冠詞＋cui＋名詞の形を取ります。このとき定冠詞は，cui の後に置かれる名詞の性・数に一致させます。

L'attore, il cui nome è conosciuto in tutto il mondo, è morto in solitudine.
> その俳優は，皆がその名を知っているが，孤独のうちに亡くなった。

関係代名詞の与格（間接補語）として（＝a cui）

La ragazza cui ho scritto diverse volte non mi ha mai risposto.
> 私が何回も手紙を書いた少女は，私に一度も返事をくれなかった。

関係副詞 dove

場所を表す言葉が，先行詞になります。

La casa dove abitavo era lontana dal centro storico.
（dove＝in cui ➡ 前節「前置詞とともに」参照）
> 私が住んでいた家は，歴史的中心街から離れていました。

先行詞なしで用いられる場合もあります。

In vacanza vorrei tornare dove sono stata l'anno scorso.
> 休暇中，去年行った場所にまた行きたい。

ciò che, quello che

ciò, quello が先行詞であり，「…のところのものは」の意味になります。

Credo a ciò che lei ha detto.
　　私は彼女の言ったことを信ずる。

Non sono riuscito a capire quello che il professore ha spiegato durante la lezione.
　　私は教授が授業中に説明したことが理解できなかった。

quelli che ... で「…のところの人々は」の意味にもなります。

Quelli che non apprezzavano lo spettacolo hanno cominciato a fischiare.
　　芝居を良いと思っていなかった人々は，口笛を吹き始めた。
　　❖上の文で Quelli のかわりに Coloro を用いても構いません。

tutto とともに用いることもあります。

Faccio tutto quello che voglio.　　私は望むことは，すべてやります。
　　❖quello を省略して，tutto che とするのは誤りです。

quanto

tutto quello che や tutto ciò che と同じような意味で用いられます。

Questo è quanto avevo da dire.
　　これが，私が言いたかったことのすべてです。

Per quanto riguarda ... で「…に関しては」の意味になります。

Per quanto riguarda il risultato dell'elezione, non c'è niente di particolare da dire.
　　選挙結果に関しては，とくに言うべき事はない。

1 関係詞

il che

前文の内容を受け，同格的に用いられます。

Maria è mancata alla riunione, il che ci ha sorpreso molto.
マリーアは集会に来なかったが，そのことは我々を大いに驚かせた。

練習 1

Chi è il signore ＿＿＿＿ hai salutato ?
　(a) a cui　　　(b) con chi　　　(c) che　　　(d) chi

解答　(c)　「君が挨拶した人は誰ですか？」
　　　　「…に挨拶する」と言うとき，「…に」は直接補語で表現します。
　　　　cf. Abbiamo salutato il professore.　(私たちは先生に挨拶した)
　　　　「AにBのことをよろしく言う」は，Saluta A a B です。
　　　　cf. Salutamela.　(彼女によろしく言っといてね)

練習 2

La prossima volta ＿＿＿＿ verremo a Roma, visiteremo senz'altro il Pantheon.
　(a) che　　　(b) in cui　　　(c) la quale　　　(d) al quale

解答　(a)　「今度ローマに来るときは，私たちはパンテオンを必ず訪れることにします。」
　　　　la prossima volta che … は決まった言い方であり，「今度…のときは」の意味になります。

練習 3

La ragazza ＿＿＿＿ voglio bene ha gli occhi verdi e i capelli biondi.
　(a) che　　　(b) di cui　　　(c) la quale　　　(d) a cui

解答　(d)　「私が慕う少女は，目はみどり色で，金髪です。」
　　　　volere bene a … で「…を愛する」の意味になります。間接補語を

用いることに注意してください。

練習 4

Sono pochi gli studenti ＿＿＿＿＿＿ superano l'esame.
　(a) chi　　　(b) fra cui　　　(c) che　　　(d) i cui

解答　(c) 「試験に合格する学生は少ない。」
　　　関係詞節の主語となる che が入ります。

練習 5

＿＿＿＿＿＿ superano il secondo livello avanzano al primo.
　(a) Quelli che　(b) Chi　　　(c) Che　　　(d) I quali

解答　(a) 「2級に合格した人は1級に進む。」
　　　先行詞が与えられていませんから，先行詞を含むものでなくてはならず（したがって(c)と(d)はダメ），関係詞節の動詞は superano と複数になっていますから，(b)の chi は除外されます。

練習 6

＿＿＿＿＿＿ vuole laurearsi in lettere deve frequentare almeno un corso di letteratura italiana.
　(a) Quelli che　(b) Chi　　　(c) Quanto　　　(d) Che

解答　(b) 「文学部を卒業したい人は，少なくとも一つイタリア文学の授業を履修しなければならない。」
　　　人を表す関係代名詞で，先行詞を含み，しかも関係詞節の動詞も主節の動詞も単数ですから，正解は chi です。「…する人すべて」の意味で使われる場合，quanto ではなく quanti になります。したがって，(c)は不適切です。

練習 7

Chi era il signore ＿＿＿＿＿＿ hai parlato al telefono ?

1　関係詞

　　(a) che　　　　(b) il quale　　　(c) con cui　　　(d) con chi

解答　(c)　「君が電話で話した男性は誰だったの？」
　　　　先行詞は il signore で，関係詞節では parlare が用いられていますから前置詞 con を伴なった形が入ります。chi は，それ自体先行詞を含むので(d)は不可です。

練習 8

La ragazza _____ Marco è innamorato è francese.
　　(a) di cui　　　(b) che　　　(c) a cui　　　(d) con cui

解答　(a)　「マルコが夢中になっている女の子は，フランス人です。」
　　　　innamorato di ... で「…に夢中になっている，恋をしている」の意味ですから，前置詞 di を伴なった di cui が正解です。

練習 9

Uno scrittore italiano _____ opere sono tradotte anche in giapponese verrà a tenere una conferenza a Tokyo.
　　(a) del cui　　　(b) le cui　　　(c) del quale　　　(d) le quali

解答　(b)　「その作品が日本語にも訳されているイタリアの作家が，東京で講演するためにやって来る。」
　　　　関係代名詞の所有格として cui を用いる場合，定冠詞＋cui＋名詞の語順になります。il quale を用いる場合，定冠詞＋名詞＋del quale の語順になります。opere という名詞が空欄の直後にありますから，可能性としては le cui opere だけが残ります。

練習 10

La casa, _____ è così elaborata, apparteneva a dei nobili romani.
　　(a) cui la facciata　　　　　(b) la facciata della cui
　　(c) la facciata della quale　　(d) della cui la facciata

解答　(c)　「ファサードがこのように精巧に作られた家は，とあるローマの

貴族のものであった。」
cui を用いる場合，la cui facciata となるはずです。一方，la quale を関係代名詞として用いた場合は，定冠詞＋名詞＋ della quale が正しい語順です。

練習11

Il computer _____ costava meno di ottocento euro non è più in vendita.

(a) il cui prezzo　　　　　(b) che
(c) il prezzo del quale　　　(d) quale

解答　(b)　「800ユーロ以下の値段のコンピューターは，すでに品切れです。」
costava の主語となるのは，il computer ですから，補うべき関係詞は che ということになります。

練習12

Il signore _____ vorremmo ringraziare per averci aiutato se n'è andato senza dire il suo nome.

(a) del quale　(b) a cui　(c) che　(d) per cui

解答　(c)　「とある紳士が私たちを助けてくださり，私たちは感謝を申し上げたいのですが，その方は名前を告げることもなく，立ち去ってしまいました。」
ringraziare A per ＋複合不定詞(...)で「A に…したことを感謝する」の意味になります。ringraziare は他動詞ですから，che が正解です。

練習13

Il bar _____ ho passato il pomeriggio è in una bella piazza del centro.

(a) a dove　(b) che　(c) cui　(d) dove

解答　(d)　「私が午後を過ごしたバールは，中心街の美しい広場にある。」

これは，場所を表す関係副詞が適切です。(a)のように，前置詞を付ける必要はありません。

練習14

L'albergo _____ ho alloggiato a Firenze si trova molto vicino alla stazione.
　(a) che　　　(b) vi　　　(c) dove　　　(d) cui

解答　(c)　「私がフィレンツェで泊まったホテルは駅のすぐそばにある。」alloggiare は，「泊まる」の意味では自動詞ですから，che は使えません。したがって，場所を表す関係副詞を選びます。

練習15

Il volo _____ volevamo prenotare è già al completo.
　(a) che　　　(b) dove　　　(c) in cui　　　(d) con cui

解答　(a)　「私たちが予約したいと思っていたフライトはもう満席です。」volevamo prenotare の直接補語となり得るのは，先行詞 il volo ですから che が適当です。

練習16

_____ mi ha detto è contrario alla mia opinione.
　(a) Il che　　(b) Ciò che　　(c) Chi　　(d) Tutto

解答　(b)　「彼が言ったことは，私の意見と反する。」Il che は文の内容を受ける関係代名詞ですから，ここでは不適。先行詞を含むものとなると，Ciò che でなくてはなりません。Chi を入れると関係詞節中の ha detto の補語がないことになります。

練習17

_____ ho fatto non le è piaciuto.
　(a) Quello che　(b) Tutto che　(c) Chi　　(d) Il quale

解答 (a)「私のやったことが，彼女には気に入らなかった。」
Quello che の他 Tutto quello che でもよいのですが，(b)のように quello を省略した形は不可です。12ページを参照してください。

練習18

Per _____ mi riguarda, sono d'accordo con voi.
　(a) quello　　(b) chi　　(c) che　　(d) quanto

解答 (d)「私について言えば，君たちに賛成だ。」
Per quanto riguarda ... で「…に関する限り」の意味になります。riguarda のかわりに concerne を用いることもありますが，やや文語的です。

練習19

Il contadino si addentrò per la valle in fondo _____ c'era la sua casa.
　(a) a che　　(b) di cui　　(c) alla quale　　(d) a dove

解答 (c)「農夫は，谷間を分け入った。その奥には，彼の家があった。」
in fondo a ... で「…の奥に，突き当たりに」の意味になります。che, dove は前置詞と用いることはできません。

練習20

_____ mi avevano riconosciuto si sono avvicinati ridendo e salutando.
　(a) Coloro che　　(b) Tutti che　　(c) I quali　　(d) Quanto

解答 (a)「私を憶えている人は，笑いかけ，挨拶しながら私に近づいた。」
先行詞を含み，用いられている動詞 (avevano riconosciuto, si sono avvicinati) は複数ですから，Coloro che が入ります。

18

1 関係詞

練習21

Il bimbo non ha mai parlato di ＿＿＿＿ che è successo quella notte.
　(a) tutto　　　(b) quello　　　(c) quelli　　　(d) quanto

解答　(b)　「子供はその夜起きたことを，決して話さなかった。」
　　　すでに関係代名詞 che が使われているので，補うべき単語は先行詞です。tutto は不可であり，関係詞節のなかの動詞が単数なので quelli も当てはまりません。

第2章 ジェルンディオ

ジェルンディオは(Gerundio)，動詞の変化形の一つです。主節の動詞に示されている行為と，何らかの関係をもって，並行して進められる行為を表す場合に用いられます。

 Impariamo la lingua italiana vedendo film in italiano.
  イタリア語の映画を見ることによって，私たちはイタリア語を学ぶ。

この文において，vedendo は動詞 vedere のジェルンディオであり，「学ぶ」という行為に伴う行為(「見ることによって」)を表しています。この場合のように，他動詞のジェルンディオは，目的語(上の例では，film in italiano)を取るという，他動詞本来の性質を保ちます。

ジェルンディオには単純形 forma semplice (es. vedendo)と複合形 forma composta (es. avendo visto)の二つがあり，前者は主文と同時に行われる行為を，後者は時間的には主文に先行する行為を表します。

ジェルンディオの作り方

◀単純形▶

・原則的に語尾は以下のようになります。

  -are 型動詞　→　-ando（parlare　→　parlando）
  -ere 型動詞　→　-endo（vedere　→　vedendo）
  -ire 型動詞　→　-endo（venire　→　venendo）

・原則から外れる動詞

  fare　→　facendo　　condurre　→　conducendo
  dire　→　dicendo　　porre　　　→　ponendo
  bere　→　bevendo　　trarre　　→　traendo

◀複合形▶

助動詞として avere を用いるもの： avendo ＋過去分詞
　　　　　　　　　　　　　　　　（es. avendo dato）

助動詞として essere を用いるもの： essendo ＋過去分詞
　　　　　　　　　　　　　　　　（es. essendo andato/i, a, e）

助動詞として essere を用いる場合，過去分詞の語尾は，意味上の主語に一致します。なお，再帰動詞の場合 essendomi alzato, essendoci alzati のように再帰代名詞が essere に結合します。

ジェルンディオの機能

主節との関係から，以下のように，その機能を分類することができます。

①時間

・同時性

　Faccio colazione ascoltando la radio.
　　　私はラジオを聴きながら，朝食をとります。

　Ho sentito la notizia del terremoto guardando la televisione.
　　　テレビを見ているときに，私はその地震のニュースを聞いた。

・時間的に先行

　Avendo finito i compiti, sono andato al cinema.
　　　宿題を終えると，私は映画を見に出かけた。

②手段

　Ho sostenuto la mia ipotesi citando vari esempi.
　　　私は，さまざまな例を挙げることによって，仮説を提唱した。

　Sono riuscito ad arrivare in tempo all'appuntamento prendendo un taxi.　　私はタクシーを利用し，約束に間に合った。

③理由

　Avendo mal di testa, non voglio andare a scuola.
　　　頭が痛いので，学校に行きたくない。

Essendo stato bocciato agli esami, sono depresso e non ho voglia di fare niente.
> 試験で落第したので，私はがっかりし，何もする気がしない。

④条件

Affrettandoti, ce la farai a prendere l'autobus.
> 急げば，君はまだそのバスに乗れる。

⑤譲歩：pur(e) を付けて「譲歩」の意味をはっきりさせます。

Pur avendo studiato molto, non ho superato l'esame.
> よく勉強したのに，私は試験に合格しなかった。

Pur essendo molto stanca, ho dovuto preparare la relazione per la riunione di oggi.
> 私は疲れていたけれど，今日の会議の報告書を準備しなければならなかった。
> ❖なお，「私」は女性で，そのことは Pur essendo ... stanc**a** に表れています。

ジェルンディオの意味上の主語が主節の主語と異なる場合，原則的には明示する必要があります。この場合主語は，一般的にジェルンディオの後に置きます。

Essendo la lezione finita in ritardo, Laura non è riuscita ad arrivare in tempo all'appuntamento con Francesco.
> 授業が終わるのが遅かったので，ラウラはフランチェスコとの約束に間に合わなかった。

cf. Tempo permettendo, domani andiamo al mare.
> 天候が許せば，私たちは明日海に行きます。［慣用句的］

ジェルンディオが，補語人称代名詞や再帰代名詞と共に用いられる場合，結合形になります。

Pur amandola, l'eroe non poté vivere con lei.
> 彼女を愛してはいたが，英雄は彼女と一緒に生きるわけにはいかなかった。

Essendosi alzata troppo presto, Maria era assonnata da morire.
> 起きるのが早すぎたので，マリーアは死ぬほど眠かった。

2 ジェルンディオ

stare ＋ジェルンディオ, andare ＋ジェルンディオ, venire ＋ジェルンディオ

stare ＋ジェルンディオは進行中の動作, andare ＋ジェルンディオと venire ＋ジェルンディオは動作の反復や継続を表します。

① stare ＋ジェルンディオ：進行中の動作を表します。

   Che cosa stai cercando ?　　君は何を探しているの？
   Mi stavo chiedendo a chi potesse venire in mente una simile assurdità.
   　　私は、このような馬鹿げたことを誰が思いつくことだろうかと，自問していた。

② andare ＋ジェルンディオ：進行中で，今後も継続しそうな見通しである行為や状態を表します。

   La situazione finanziaria va peggiorando di anno in anno.
   　　年々財政状況は悪化しています。
   In Giappone va gradualmente aumentando il numero delle persone che studiano italiano.
   　　日本では，イタリア語を勉強する人の数は，徐々に増えています。

③ venire ＋ジェルンディオ：進行中で，ある結果，完結に向かっている行為や状態を表します。

   Negli ultimi anni la situazione si è venuta complicando sempre di più.　　ここ数年で，状況は一層複雑になりました。

①～③には命令形はなく，受動態もありません。①については，複合時制もありません。

stare ＋ジェルンディオは，実行しようとしていた動作にも用いられることがあります。

   Stavo partendo per Milano quando ho sentito la notizia dell'incidente.
   　　その事故のニュースを聞いたとき，私はミラノに発とうとしていた。

→ stare per ＋不定詞も同じような意味になります。

Stavo per partire per Milano quando ho sentito la notizia dell'incidente.

 その事故のニュースを聞いたとき，私はミラノに発とうとしていた。

①〜③の用法では補語人称代名詞や再帰代名詞はジェルンディオに結合させてもよいし，分離して動詞の前に置くことも可能です。

 Lo stavo guardando. (＝Stavo guardandolo.)   私は彼を見つめていた。

練習1

Il poeta eterna la bellezza della sua donna ＿＿＿＿＿＿ nelle sue poesie.
 (a) la lodando   (b) lodandola
 (c) l'avendo lodato   (d) avendola lodato

解答 (b)「詩人は，自分の愛する女性の美しさを讃えることによって，永遠化する。」
ジェルンディオを補語人称代名詞と用いるときは必ず結合形にしますから，(b)か(d)ということになります。しかし，(d) avendola lodato では，過去分詞の語尾が代名詞の性に一致していません。

練習2

＿＿＿＿＿＿, sono andata a letto più presto del solito.
 (a) Essendo stanca   (b) Essenda stanco
 (c) Essendo stanco   (d) Essenda stanca

解答 (a)「疲れていたので，私は普段よりも早く床に入った。」
主文の近過去の形 (sono andata) から，「私」は女性であることがわかります。ジェルンディオの語尾は不変ですから，Essendo stanca が正解です。

練習3

＿＿＿＿＿＿, Silvia discuterà la tesi nella prossima sessione di laurea.
 (a) Avendola finito   (b) L'avendo finito

(c) L'avendo finita　　　　　　(d) Avendola finita

解答　(d)「シルヴィアは，学位論文を書き終えた後，今度の卒業審査で論文についての口頭試問を受けることになる。」
補語人称代名詞が他動詞のジェルンディオの複合形とともに用いられるとき，avendo に結合し，過去分詞は代名詞の性・数に一致します。

練習 4

Maria e Susanna ＿＿＿＿ la televisione quando gli ho telefonato.
　　(a) sono state guardando　　　(b) stavano guardande
　　(c) sono stato guardande　　　(d) stavano guardando

解答　(d)「マリーアとスザンナは，私が電話したとき，テレビを見ていた。」
stare ＋ジェルンディオは，複合形では使いません。また，ジェルンディオは語尾変化しません。

練習 5

＿＿＿＿ la sua disponibilità ad aiutarmi, ho potuto concludere questo lavoro con soddisfazione.
　　(a) Avendomi Rosanna gentilmente offerto
　　(b) Rosanna mi avendo gentilmente offerto
　　(c) Mi offerta Rosanna gentilmente
　　(d) Mi avendo gentilmente offerto

解答　(a)「ロザンナが快く助けてくれたので，私はこの仕事を終えることができ，満足しています。」
複合形を用い，間接補語人称代名詞 mi は avendo に結合させます。

練習 6

＿＿＿＿ a Leonardo da Roma per informarlo del mio arrivo, sono partita per Firenze.

(a) Essendo telefonata　　　(b) Avendo telefonato
(c) Essendo telefonato　　　(d) Avendo telefonata

解答　(b)「到着したことを伝えるために，ローマからレオナルドに電話した後，私はフィレンツェへ発ちました。」
telefonare は自動詞ですが，近過去を作るときには avere を助動詞とします。ただし，過去分詞の変化はありません。したがって，Avendo telefonato が正解です。

練習 7

Al teatro il pubblico ＿＿＿＿ a poco a poco.
　(a) si è stato affollando　　　(b) si andava affollando
　(c) è andato affollando　　　(d) andava affollando

解答　(b)「劇場は，少しずつ人で込み合ってきていました。」
affollare は他動詞として用いられるか，再帰代名詞を伴うかのいずれかです。自動詞にはなりませんので，(c)や(d)は除外されます。さらに，a poco a poco という語句は，近過去と用いるのはふさわしくありません。andare ＋ジェルンディオの形をとる(b)が適切です。

練習 8

Ho incontrato Maria ＿＿＿＿.
　(a) avendo fatto strada　　　(b) strada facendo
　(c) facendo strada　　　(d) facendomi strada

解答　(b)「道すがら，私はマリーアに会った。」
strada facendo は慣用表現ですので，このまま憶えてください。

練習 9

Grazie per avermi ricordato dell'ombrello. ＿＿＿＿.
　(a) Mi lo stavo dimenticando　　　(b) Me ne stavo dimenticando
　(c) Ne me stavo dimenticando　　　(d) Lo stavo per dimenticandone

解答 ┃ (b) 「傘のことを言ってくれてありがとう。忘れるところだったよ。」
「忘れるところだった」の意味で，stare＋ジェルンディオを用い，stare の部分は半過去で置かれます。この文では，「dimenticarsi di＋名詞」を使い，「di＋名詞」の部分が ne によって置き換えられることになります。補語人称代名詞と小詞 ne の位置に注意しましょう。

練習10

Luisa ＿＿＿＿ all'estero, ma dopo la brutta notizia ha rimandato la partenza di un mese.

(a) stava transferitasi (b) stava per trasferirsi
(c) si stava trasferendosi (d) stava trasferendo

解答 ┃ (b) 「ルイーザは海外へ移住しようとしていたが，その恐ろしいニュースの後，出発を一カ月延期した。」
23ページ参照。(c)は si が余計に付いています。si stava trasferendo もしくは stava trasferendosi なら正解です。(d)は再帰代名詞を欠いています。(a)は過去分詞ではなく，ジェルンディオを使えば正解です。

練習11

L'aereo ＿＿＿＿. I signori passeggeri sono pregati di rimanere seduti con le cinture di sicurezza allacciate.

(a) sta decollando (b) si sta decollando
(c) sta per decollarsi (d) stasi decollando

解答 ┃ (a) 「本機は離陸します。乗客の皆様はご着席の上，シートベルトをご着用くださいますようお願い申し上げます。」
decollare は自動詞なので，再帰代名詞を伴わない sta decollando が正解です。(c)の decollarsi のかわりに decollare とすれば，これも正解になります。

第3章　受動態と非人称の si

能動態と受動態

(A) Francesco ama Laura.　　　　フランチェスコはラウラを愛する。
(B) Laura è amata da Francesco.　　ラウラはフランチェスコに愛されている。

(A)のように，主語が他動詞とともに用いられている場合，これを能動文と言います。ama は能動態です。一方(B)のように，能動文で言えば他動詞の目的語となるものを主語として表現した場合，これを受動文と言います。è amata は受動態です。また，動作主(能動文の主語)は前置詞 da とともに表現されます。受動態は，他動詞にのみ可能な形です。

受動態の作り方

直説法
◀現在▶　　essere の現在＋過去分詞
　　　　　　　　　（過去分詞の語尾は主語の性・数に一致）
◀近過去▶ essere の近過去＋過去分詞
　　　　　　　　　（過去分詞の語尾は主語の性・数に一致）
◀半過去▶ essere の半過去＋過去分詞
　　　　　　　　　（過去分詞の語尾は主語の性・数に一致）
◀大過去▶ essere の大過去＋過去分詞
　　　　　　　　　（過去分詞の語尾は主語の性・数に一致）
◀遠過去▶ essere の遠過去＋過去分詞
　　　　　　　　　（過去分詞の語尾は主語の性・数に一致）
◀前過去▶ essere の前過去＋過去分詞
　　　　　　　　　（過去分詞の語尾は主語の性・数に一致）
◀未来▶　　essere の未来＋過去分詞

(過去分詞の語尾は主語の性・数に一致)

◂前未来▸ essere の前未来＋過去分詞

(過去分詞の語尾は主語の性・数に一致)

◂ **amare の直説法受動態現在**▸

io	sono	amat**o/a**	noi	siamo	amat**i/e**
tu	sei	amat**o/a**	voi	siete	amat**i/e**
lui	è	amat**o**	loro	sono	amat**i/e**
lei	è	amat**a**			

/の前後はそれぞれ男性形，女性形を表す

接続法の受動態も，直説法と同じように作ります。たとえば，接続法受動態現在は「essere の接続法現在＋過去分詞」です。条件法受動態現在についても，「essere の条件法現在＋過去分詞」となり，過去は「essere の条件法過去＋過去分詞」となります。もちろん，過去分詞の語尾は主語の性・数に一致します。

その他の受動的表現

① venire ＋過去分詞

　I biglietti dell'autobus vengono venduti in tabaccheria.
　　バスの切符はタバコ屋で売られている。

ただし複合時制(近過去，大過去，前過去など)では用いません。

② andare ＋過去分詞

義務や必要性の意味が含まれます。

　I biglietti vanno convalidati all'inizio del viaggio.
　　切符は乗車時に刻印されねばならない。

ただし複合時制(近過去，大過去，前過去など)では用いません。また，動作主は明示されません。

③ essere da ＋他動詞の原形

義務や必要性の意味が含まれます。主語は，他動詞の意味上の目的語に

なります。これも動作主は明示されません。

 Secondo me il film è da vedere, anzi da non perdere.
   私の考えでは，その映画は見るべきであり，それどころか見逃してはならない。

④ si を用いた表現：下記「受け身の si」を参照してください。

si を使った表現

受け身の si：si ＋他動詞の 3 人称単数・複数

(A) In Giappone si mangia il pesce crudo.   日本では生魚を食べる。
(B) In Svizzera si parlano tedesco, francese, italiano e retoromanzo.
  スイスではドイツ語，フランス語，イタリア語，それにレト・ロマンス語が話されている。

(A)のように主語(il pesce crudo)が単数の場合は動詞も単数になり，(B)のように主語が複数の場合は複数です。動作主は漠然としているので，前置詞 da を伴って示されることはありません。(A)(B)の主語を目的語，動詞を 3 人称複数（一般的な「人々」を表す）として以下のように表現することもできます。意味は変わりません。

(A) In Giappone mangiano il pesce crudo.
(B) In Svizzera parlano tedesco, francese, italiano e retoromanzo.

非人称の si

主語として漠然と一般的な人々を示し，uno, ognuno, la gente, tutti などの意味（「人は…」「人々は…」）で用いられます。英語の *one*, フランス語の *on*, ドイツ語の *man* に相当するような主語代名詞です。受け身の si と外見上は似ていますが，非人称の si は，
・自動詞とともに用いられる
・再帰動詞とともに用いられる
・受動態とともに用いられる

という点で，もっぱら他動詞とともに用いられる受け身の si とは異なっています。また，動詞は必ず 3 人称単数の形で置かれます。両者の違いについては，32 ページの「受け身の si と非人称の si」でも詳述します。

①単純時制の場合
◀自動詞▶
　In questi giorni si parla molto della crisi economica.
　(＝In questi giorni la gente parla molto della crisi economica.)
　　　このところ，経済危機が大いに話題になっている（＝このところ，人は経済危機についてよく話す）。

◀essere▶述語となる形容詞は，男性複数形になります。
　Quando non si dorme bene, si è nervos**i**. (＝Quando uno non dorme bene, è nervoso.) 　人はよく眠れないと，いらいらする。

◀再帰動詞▶ ci を加え，si の前に置きます。
　Quando si è san**i**, non **ci** si accorge del valore della salute.
　(＝Quando uno è sano, non si accorge del valore della salute.)
　　　人は健康なとき，健康の価値に気づかない。

◀受動態▶過去分詞は，男性複数形になります
　Se si è criticat**i**, ci si giustifica. (＝Se uno è criticato, si giustifica.)
　　　人は批判を受けると，自らを正当化する。

②複合時制の場合：essere を助動詞とします。
ただし，通常 avere を助動詞とするものについては，過去分詞は男性単数形になります。他方，essere を助動詞とするものについては（自動詞の一部および再帰動詞），過去分詞は男性複数形になります。

　Dopo che si è lavorat**o** molto, ci si riposa.
　　　人は，大いに働いた後，休息する。
　Dopo che si è uscit**i**, non si può rientrare.
　　　退出後は再入場できません。

受け身の si と非人称の si

一般に，si が他動詞とともに用いられる場合は，受け身の si であると考えてよいのですが，若干の例外があります。

(A) In questo ristorante si mangia bene.
　　このレストランは美味しい。［非人称の si］
(B) In questo ristorante si mangiano eccellenti primi piatti.
　　このレストランでは最高級のプリモが食べられます。［受け身の si］

他動詞を用いていても，(B)とは異なり，mangiare の目的語となり得るものを含まない(A)のような場合，文法的には非人称の si であるとみなします。

この他，以下のようなタイプの文でも，si は文法的には非人称の si とみなされます。

① si dice che ... など
　　Si dice che Buoso Donati abbia lasciato ogni suo avere ad un convento.
　　　ブォーゾ・ドナーティは，すべての財産をある修道院に遺贈したという話だ。

②直接補語人称代名詞を用いる場合
　　Anche in tabaccheria si vendono francobolli.
　　　タバコ屋でも切手を売っています。

という文においては si は受け身の si ですが，francobolli を直接補語人称代名詞で受けるような場合は，

　　Anche in tabaccheria li si vende.

と表現します。動詞が3人称単数(vende)となることに注意してください。この場合の si は，非人称の si です。直接補語人称代名詞 li は francobolli を指し，si の前に置かれます。

　　Anche se il mio italiano è terribile, almeno lo si capisce.
　　　僕のイタリア語はひどいものですが，それでも皆理解してくれます。

この場合も si は非人称の si であり，lo＝il mio italiano です。

なお，ne については si の後に置かれ，si は se となります。

Solo dopo che si è persa la salute, se ne conosce il valore.
人は健康を失ってみて，初めてその価値に気づくものである。

練習 1

Il palazzo _____ nella prima metà del Cinquecento.
　(a) è edificato　　　　　　(b) è stato edificato
　(c) ha edificato　　　　　　(d) viene edificato

解答　(b)「その建物は1500年代の前半に建てられた。」
　　　過去の受け身ということで，受動態近過去 è stato edificato が正解。

練習 2

Stasera Maria _____ a cena da Enzo.
　(a) è invitata　　　　　　(b) è venuta invitata
　(c) è invitato　　　　　　(d) è stato invitata

解答　(a)「今晩，マリーアはエンツォに夕食に招待されている。」
　　　venire を使った受け身表現は複合時制では使えないので，(b)は不可。(c)は過去分詞(invitato)が，(d)は essere の過去分詞(stato)が男性形になっているので主語の性に合致しません。

練習 3

Attenzione！Questi funghi sono velenosi. _____.
　(a) Non devono mangiare　　　(b) Non vanno mangiati
　(c) Non mangiali　　　　　　　(d) Non sono da mangiati

解答　(b)「気をつけなさい。このキノコは毒だよ。食べてはいけない。」
　　　禁止の意味を含むような受け身にしなくてはいけません。(a)の mangiare では意味が通らず，essere mangiati とすべきところです。(c)は Non li mangiare(tu に対する命令，Non mangiarli でもよい)もしくは，Non li mangi(Lei に対する命令)にすべきところです。(d)は da ＋不定詞にしなくてはいけません。

練習 4

Dalla mia camera _____ vedere il Lago di Garda.
　(a) va　　　　　(b) viene　　　　(c) è　　　　　(d) si può

解答　(d) 「私の部屋からはガルダ湖が見えます。」
　　　　受け身の si を使って表現すればよいでしょう。

練習 5

Negli ultimi cinque anni non _____ le opere di Bellini al teatro comunale.
　(a) sono venute rappresentate　　(b) vanno rappresentate
　(c) sono state rappresentate　　　(d) si rappresentano

解答　(c) 「この 5 年間，ベッリーニのオペラは市立劇場では上演されていない。」
　　　　Negli ultimi cinque anni (この 5 年間) という語句がありますから，時制は近過去になるはずです。そして venire ＋過去分詞は複合時制では用いることができませんから，(a)はダメです。

練習 6

Quel romanzo _____ solo da pochi appassionati.
　(a) si legge　　(b) si è letto　　(c) è letta　　(d) viene letto

解答　(d) 「その小説は，少数の熱狂的読者にしか読まれていない。」
　　　　受け身の si では，行為者を特定しないので，(a)や(b)は不適当です。(c)は過去分詞が女性形です。可能なのは，viene letto だけです。

練習 7

Il bando di concorso _____ la settimana scorsa.
　(a) è pubblicato　　　　　(b) si è pubblicati
　(c) è venuto pubblicato　　(d) è stato pubblicato

解答　(d) 「公募の公示は先週行われた。」

3 受動態と非人称の si

La settimana scorsa という語句から，過去時制を用いるべきです。まず，(a)は除外されます。また，pubblicare は他動詞ですから，si が用いられるならば，受け身の si ということになります。この場合，過去分詞は主語 Il bando di concorso に合わせて男性単数語尾を持つはずですから，(b)は不適当です。さらに venire を使う受動態は複合時制にはならないので，(c)も除外されます。

練習 8

L'anno scorso in quel museo ＿＿＿ organizzato una mostra sulla civiltà romana antica.

(a) è　　　(b) veniva　　　(c) hanno　　　(d) è stato

解答　(c)「昨年，あの美術館で古代ローマ文明の特別展が企画された。」
過去分詞 organizzato の語尾が女性単数 la mostra と合致していないことから，(a)(b)(d)はいずれも適当ではありません。

練習 9

Domani ＿＿＿ uno sciopero.

(a) previsto
(b) si prevede
(c) si è previsto
(d) è venuto previsto

解答　(b)「明日はストが予想されている。」
未来の話ですから(c)は除外されます。venire を受け身表現で用いる場合，(d)のような複合時制はそもそも用いられません。(a)は essere がないので，文になりません。

練習 10

San Gimignano è una bellissima città. ＿＿＿ senz'altro.

(a) Devi visitare　(b) È da visitare　(c) Va visitato　(d) Venga visitata

解答　(b)「サン・ジミニャーノはとても美しい町です。是非訪ねるべきです。」
(a)では，直接補語がないのでダメです。(c)は過去分詞が主語(San

Gimignano［女性単数］= la città）と合致していません。(d)のように，venire + 過去分詞を命令法にすることもありません。

練習11

Quando si _____, si _____ più del solito.
 (a) viaggia/spende　　　　(b) viaggiano/spende
 (c) viaggiano/spendono　　(d) viaggia/spendono

解答　(a)「旅行をすると，普段よりお金を使ってしまう。」
viaggiare は自動詞ですから，si は非人称の si ということになります。したがって(b)と(c)は除外されます。また他動詞 spendere も補語なしで用いられていますから，やはり受け身の si ではありません。spendono にはならないのです。

練習12

X：In questo ristorante si _____ bene ?
Y：Certamente ! Si _____ ottimi piatti tipici toscani.
 (a) mangia/sono mangiati　　(b) mangia/mangiano
 (c) mangiano/mangia　　　　(d) mangiano/mangiano

解答　(b)「このレストランは美味しいですか？」「もちろん。最高のトスカーナ料理が食べられますよ。」
X の空欄は，非人称の si，Y の空欄は後に複数名詞が続きますので，受け身の si と考えればよいでしょう。

練習13

Quando _____ dal proprio paese, _____ la nostalgia.
 (a) ci si allontana/ne si avverte　　(b) si ci allontana/si ne avverte
 (c) ci si allontana/ne si avverte　　(d) ci si allontana/se ne avverte

解答　(d)「祖国を離れると，人は郷愁を覚える。」
再帰代名詞等の位置と形に関する問題です。32ページの「直接補語人称代名詞を用いる場合」を参照してください。

練習14

Quando _____, _____ tutto il resto.
  (a) si è innamorato/si dimenticano
  (b) si sono innamorati/si dimentica
  (c) si è innamorati/si dimentica
  (d) si sono innamorati/si dimenticano

解答　(c)　「人は恋をすると，それ以外のことはすべて忘れてしまう。」
仮に(a)や(d)のように，si dimenticano tutto il resto という言い方が成り立つとすれば，si は非人称の si でも受け身の si でもあり得ず，再帰代名詞となるはずです。ところが，dimenticare は再帰動詞として使われるとき，dimenticarsi di ...（…を忘れる）の形をとります。したがって，di を含まない(a)と(d)は除外されます。(b)の場合，si sono innamorati の si は再帰代名詞としか考えられませんが，他方 si dimentica tutto il resto の si は受け身の si としか考えられず，文意が通りません。

第4章 遠過去と前過去

1998年から2002年には出題されていませんが，1996年および1997年の文法問題では出題されたことがあります。遠過去は，書き言葉ではよく用いられ，地方によっては口語でも用いることがあります。作り方と用法について，簡単にまとめておきましょう。

遠過去

遠過去の作り方

◀規則活用▶

	amare	temere	sentire
io	am**ai**	tem**ei**(tem**etti**)	sent**ii**
tu	am**asti**	tem**esti**	sent**isti**
lui	am**ò**	tem**é**(tem**ette**)	sent**ì**
noi	am**ammo**	tem**emmo**	sent**immo**
voi	am**aste**	tem**este**	sent**iste**
loro	am**arono**	tem**erono**(tem**ettero**)	sent**irono**

◀不規則活用▶

	essere	avere	prendere	dire
io	fui	ebbi	presi	dissi
tu	fosti	avesti	prendesti	dicesti
lui	fu	ebbe	prese	disse
noi	fummo	avemmo	prendemmo	dicemmo
voi	foste	aveste	prendeste	diceste
loro	furono	ebbero	presero	dissero

遠過去において不規則活用する動詞は，essere のように全人称にわたって規則から外れるものと，avere のように1人称単数，3人称単数，3人称複数でのみ不規則な語形になるものに大別されます。とは言っても，どちらのグループについても，1人称単数と2人称単数の語形を記憶すれば，十分です。その他の人称の語形は，原則的に以下のようになります。

lui 　 1人称単数の語末の -i のかわりに，-e
noi 　 2人称単数の語末の -esti のかわりに，-emmo
voi 　 2人称単数の語末の -esti のかわりに，-este
loro 　1人称単数の語末の -i のかわりに，-ero

ただし，essere はこの原則からも外れます。

不規則な変化のなかにも，規則性があったり，ある種のパターンが認められたりします。そこでこうしたパターンに即して，不規則動詞のグループ分けをする人もいます。しかし，最初はグループ分けにはとらわれず，丸暗記するのが一番です。むしろ丸暗記してから，このようなグループ分けを眺め，記憶を確固たるものにして行くのが王道です。

遠過去の用法

半過去（l'imperfetto）が過去の完結していない行為を表すのに対し，近過去（il passato prossimo）は完結した行為を表します。遠過去（il passato remoto）も，完結した行為を表すという点では，近過去と同じです。しかし近過去がある行為を現在と何らかの結び付きを持ったものとして捉えるのに対し，遠過去はそのような結び付きがないものとして捉えます。文字通り，近過去は近い過去を，遠過去は遠い過去を表すのですが，この近さや遠さは，数値化されるような客観的な近さや遠さではなく，話者にとっての心理的な近さや遠さです。

(A) Kennedy fu assassinato nel 1963. 　　1963年にケネディーは暗殺された。
(B) Mio marito è nato nel 1963. 　　　　1963年に私の夫は生まれた。

同じ1963年にあった出来事でも，(A)では現在から切り離した歴史的事実と捉えているのに対し，(B)は現在生きている自分の夫の誕生について述べているのです。ただ，現在とのかかわりを前提とするような語句が含

まれる場合には，必然的に近過去が用いられます。

> **Negli ultimi dieci anni** più di centomila persone sono morte sulle strade.　ここ10年のうちで10万人以上が交通事故で亡くなった。

前過去

前過去の作り方

近過去を作るときに avere を助動詞とする動詞は「avere の遠過去＋過去分詞」，近過去を作るときに essere を助動詞とする動詞は「essere の遠過去＋過去分詞(語尾は主語の性・数に一致)」となります。

	tenere	venire
io	ebbi　tenuto	fui　　venut**o**/**a**
tu	avesti　tenuto	fosti　venut**o**/**a**
lui/lei	ebbe　tenuto	fu　　　venut**o**/**a**
noi	avemmo tenuto	fummo venut**i**/**e**
voi	aveste　tenuto	foste　venut**i**/**e**
loro	ebbero　tenuto	furono venut**i**/**e**

/の前後はそれぞれ男性形，女性形を表す

前過去の用法

常に従属節のなかで用いられます。

> Appena si fu accorta del compimento dell'oracolo, la regina si impiccò.
> 予言の成就を悟るやいなや，女王は縊死した。

この時制を用いるには，以下の条件が必要です。
・時を表す従属節のなかにあること
・従属節が quando, dopo che, allorché, finché, appena などの接続詞によって導かれること
・従属節の表す行為の直後に，主節の行為がなされること

・主節の動詞が遠過去であること

このような制約があるため，前過去の使用頻度は低くなっています。
なお，前置詞のかわりに遠過去が使われることもあります。

大過去や遠過去との関係

　Dopo che ebbe visto che una delle sue navi era affondata, Enea si lamentò tendendo le mani al cielo.

　　　船のうちの一艘が沈んだの見ると，アエネーアースは天に手を伸ばして嘆いた。

この文においては，「嘆いた(si lamentò)」という主節の動詞(遠過去)の直前の行為であり，dopo che によって導かれる従属節の主動詞は，ebbe visto と前過去になっています。しかし，ebbe visto に続く節では，前過去で表された行為よりもさらに時間的に先行する出来事が大過去(era affondata)によって表現されています。

練習

Sostituire all'infinito in parentesi tonda la forma conveniente del passato remoto o trapassato remoto.

練習 1

I soldati (occupare) il paese, dove (uccidere) alcuni degli abitanti e (distruggere) case.

解答　I soldati **occuparono** il paese, dove **uccisero** alcuni degli abitanti e **distrussero** case.
「兵士は村を占領し，そこで何人かの住民を殺し，家を破壊した。」

練習 2

Il compositore (scrivere) al duca numerose lettere in cui (chiedere) favori e sostegni.

解答　Il compositore **scrisse** al duca numerose lettere in cui **chiese** favori e sostegni.「その作曲家は公爵に多くの手紙を書き，その手紙によって恩恵と庇護を求めた。」

練習3

Dante Alighieri (morire) nel 1321 a Ravenna, dove (essere sepolto).

解答　Dante Alighieri **morì** nel 1321 a Ravenna, dove **fu sepolto**.
「ダンテ・アリギエーリは1321年にラヴェンナで死に，そこに葬られた。」

練習4

Il re (costruire) un palazzo nel quale (fare) dipingere alcune delle sue imprese vittoriose.

解答　Il re **costruì** un palazzo nel quale **fece** dipingere alcune delle sue imprese vittoriose.
「王は宮殿を建て，そこに自分の武勲を描かせた。」

練習5

Appena (arrivare) la notizia della strage, i genitori (telefonare) per accertare l'incolumità del figlio.

解答　Appena **arrivò** / **fu arrivata** la notizia della strage, i genitori **telefonarono** per accertare l'incolumità del figlio.
「その大惨事の一報が届くと，親は子供の安否を確認するため電話した。」

練習6

Quando l'attore (apparire) sul palco, il pubblico lo (applaudire).

解答　Quando l'attore **apparve** / **fu apparso** sul palco, il pubblico lo **applaudì**.
「その俳優が舞台に姿を現すと，観客は彼に拍手を送った。」

4 遠過去と前過去

練習7

Dopo che Didone (sapere) che Enea si era ormai allontanato da Cartagine, (piangere) disperatamente e (togliersi) la vita con la spada che l'eroe le aveva regalato.

解答　Dopo che Didone **seppe** / **ebbe saputo** che Enea si era ormai allontanato da Cartagine, **pianse** disperatamente e **si tolse** la vita con la spada che l'eroe le aveva regalato.
「ディードーはアエネーアースがすでにカルタゴを離れたのを知ると、悲しみに暮れて涙を流し、英雄が彼女に贈った剣をもって自害した。」

練習8

Giuseppe Verdi (comporre) 26 opere liriche. (cominciare) a musicare l'ultima opera, il *Falstaff*, nel 1889, quando aveva 76 anni.

解答　Giuseppe Verdi **compose** 26 opere liriche. **Cominciò** a musicare l'ultima opera, il *Falstaff*, nel 1889, quando aveva 76 anni.
「ジュゼッペ・ヴェルディは26のオペラを作曲した。最後の作品、『ファルスタッフ』を作曲し始めたのは、1889年のことで、当時彼は76歳だった。」

練習9

La mia scoperta dell'Islam è stata lenta e graduale. (Incominciare) quando mio fratello mi (regalare) una copia del Corano. Mi ci (volere) molto tempo per leggerlo, perché non è un libro come gli altri. Dopo un anno di studio, (rendersi) conto che si trattava di un libro molto speciale e che io non potevo ignorarlo né ignorare le sfide che mi lanciava. Fino al punto in cui il mio cuore (aprirsi) al suo messaggio. Infine, (dirsi): "Bene, non posso fare nient'altro che abbracciare l'Islam".

(*"Il Venerdì di Repubblica" 9 febbraio 2001, p. 59*)

解答　La mia scoperta dell'Islam è stata lenta e graduale. **Incominciò** quando mio fratello mi **regalò** una copia del Corano. Mi ci **volle** molto tempo per leggerlo, perché non è un libro come gli altri. Dopo un anno di studio, **mi resi** conto che si trattava di un libro molto speciale e che io non potevo ignorarlo né ignorare le sfide che mi lanciava. Fino al punto in cui il mio cuore **si aprì** al suo messaggio. Infine, **mi dissi** : "Bene, non posso fare nient'altro che abbracciare l'Islam".

「私のイスラム教発見は，ゆっくりと，段階を経て進行したのです。きっかけは，兄が私に一冊のコーランを贈ったときです。コーランを読むのにはだいぶ時間がかかりましたが，それはこの本が他の本とは異なったものだからです。一年間勉強して，とても特別な本なのだということ，私はこれを無視することも，この本が投げかけていた挑発を無視することもできないことを悟りました。ついには，私の心は本の語りかけるメッセージに対して開かれました。とうとう，私は自分に向かって言いました。『よし，イスラム教を受け入れる他はない。』」

第 5 章　接続法

接続法の時制には現在，過去，半過去，大過去の4つがあります。順を追って，意味と活用を整理しておきましょう。接続法は原則的に，従属節のなかで使います。

接続法現在

たとえば「私はパオロがその電車に乗り遅れるのではないかと心配する」と言う場合，「私」は「パオロがその電車に乗り遅れる」ことを事実として述べているわけではなく，あくまでも自分の個人的な考えとして述べています。ある事柄を事実としてではなく，個人的な考え，印象，推測，恐れ，期待などとして，あるいは不確かなこととして述べる場合，イタリア語では接続法を用います。

この例の場合，現時点からみて同時または未来の事柄に関して述べているので，接続法現在を用い，以下のように表現します。

　　Temo che Paolo perda il treno.
　　　　❖perda は perdere の接続法現在3人称単数です。

接続法現在の作り方

標準部分が語幹，太字部分が活用語尾です。なお，注意を要するアクセントの位置を，下線で示すことにします。

◀規則動詞(直説法現在が規則的なもの)▶

	am**are**	perd**ere**	part**ire** (A)	cap**ire** (B)
io	am**i**	perd**a**	part**a**	cap**isca**
tu	am**i**	perd**a**	part**a**	cap**isca**
lui	am**i**	perd**a**	part**a**	cap**isca**
noi	am**iamo**	perd**iamo**	part**iamo**	cap**iamo**
voi	am**iate**	perd**iate**	part**iate**	cap**iate**
loro	am**ino**	perd**ano**	part**ano**	cap**iscano**

-are 型の活用語尾は -i, -i, -i, -iamo, -iate, -ino
-ere 型, -ire 型(A)は -a, -a, -a, -iamo, -iate, -ano
-ire 型(B)は -isca, -isca, -isca, -iamo, -iate, -iscano

◀不規則動詞(直説法現在が不規則なもの)▶

	essere	avere	dire	venire
io	sia	abbia	dica	venga
tu	sia	abbia	dica	venga
lui	sia	abbia	dica	venga
noi	siamo	abbiamo	diciamo	veniamo
voi	siate	abbiate	diciate	veniate
loro	siano	abbiano	dicano	vengano

その他よく用いられる不規則動詞
dare : dia, dia, dia, diamo, diate, diano
sapere : sappia, sappia, sappia, sappiamo, sappiate, sappiano
stare : stia, stia, stia, stiamo, stiate, stiano

作り方は原則的に以下のようになります。
・2人称単数，3人称単数は1人称単数と同形（単数の場合，3つの人称がすべて同形になるので，主語を明示するのが一般的）
・1人称複数は，直説法1人称複数と同形
・2人称複数は，1人称複数の活用語尾 -iamo を -iate に変える
・3人称複数は，1人称単数に -no を付加する

接続法過去

「私はパオロがその電車に**乗り遅れる**のではないかと心配する」は，接続法現在を用い，

  Temo che Paolo perda il treno.

となりました。これに対して「私はパオロがその電車に**乗り遅れた**のではないかと心配する」という風に，「私」が**過去の事柄についての現在の心配**を語る場合，接続法過去を用い，以下のように表現します。

  Temo che Paolo abbia perso il treno.

abbia perso の部分が接続法過去です。つづいて，接続法過去の作り方をまとめておきましょう。

接続法過去の作り方

avere を助動詞とする動詞：avere の接続法現在＋過去分詞
essere を助動詞とする動詞：essere の接続法現在＋過去分詞
           （主語の性・数によって語尾変化）

perdere		
io	abbia perso	noi abbiamo perso
tu	abbia perso	voi abbiate perso
lui/lei	abbia perso	loro abbiano perso

partire		
io	sia partit**o**/**a**	noi siamo partit**i**/**e**
tu	sia partit**o**/**a**	voi siate partit**i**/**e**
lui	sia partit**o**	loro siano partit**i**/**e**
lei	sia partit**a**	

o/a と i/e は，主語の性が男性ならば / の前の語尾を，女性ならば / の後の語尾になることを表す

接続法半過去

「私はパオロがその電車に乗り遅れるのではないかと**心配する**」は，

 Temo che Paolo perda il treno.

でしたが，「私はパオロがその電車に乗り遅れるのではないかと**心配した**」のように，過去時制の主節の動詞(「心配した」)と同時あるいは主節の動詞より時間的には後に起こると想定される事柄(「乗り遅れるのではないか」)は，従属節において接続法半過去で表現されます。

 Ho temuto che Paolo perdesse il treno. / Temetti che Paolo perdesse il treno.
  私はパオロがその電車に乗り遅れるのではないかと心配した。

perdesse は perdere の接続法半過去3人称単数です。主節の動詞が直説法半過去や大過去の場合もあります。

 Temevo che Paolo perdesse il treno.
  私はパオロがその電車に乗り遅れるのではないかと心配していた。

 Avevo temuto che Paolo perdesse il treno.
  私はパオロがその電車に乗り遅れるのではないかと心配だったのだ。

接続法半過去の作り方

作り方の基本原則：不定詞の語尾(-are, -ere, -ire)を取り去って，かわりに以下のように人称語尾をつければ出来上がりです。

◀ **-are** 型 ▶ -assi, -assi, -asse, -assimo, -aste, -assero
◀ **-ere** 型 ▶ -essi, -essi, -esse, -essimo, -este, -essero
◀ **-ire** 型 ▶ -issi, -issi, -isse, -issimo, -iste, -issero

5 接続法

◀基本原則通りのもの▶

	amare	perdere	sentire (A)	capire (B)	avere
io	am**ass**i	perd**ess**i	sent**iss**i	cap**iss**i	av**ess**i
tu	am**ass**i	perd**ess**i	sent**iss**i	cap**iss**i	av**ess**i
lui	am**ass**e	perd**ess**e	sent**iss**e	cap**iss**e	av**ess**e
noi	am**ass**imo	perd**ess**imo	sent**iss**imo	cap**iss**imo	av**ess**imo
voi	am**as**te	perd**es**te	sent**is**te	cap**is**te	av**es**te
loro	am**ass**ero	perd**ess**ero	sent**iss**ero	cap**iss**ero	av**ess**ero

◀基本原則から外れるもの▶

	essere	dire	stare	bere
io	fossi	dicessi	stessi	bevessi
tu	fossi	dicessi	stessi	bevessi
lui	fosse	dicesse	stesse	bevesse
noi	fossimo	dicessimo	stessimo	bevessimo
voi	foste	diceste	steste	beveste
loro	fossero	dicessero	stessero	bevessero

基本原則から外れる上記以外の動詞

addurre[1]	adducessi, adducessi, adducesse, adducessimo, adduceste, adducessero
dare	dessi, dessi, desse, dessimo, deste, dessero
fare[2]	facessi, facessi, facesse, facessimo, faceste, facessero
porre[3]	ponessi, ponessi, ponesse, ponessimo, poneste, ponessero
compiere[4]	compissi, compissi, compisse, compissimo, compiste, compissero
trarre[5]	traessi, traessi, traesse, traessimo, traeste, traessero

❖以下のような複合動詞および同根動詞も上記の活用パターンになります。

1　condurre, dedurre, indurre, ecc.
2　contraffare, soddisfare, disfare, ecc.

3 comporre, disporre, proporre, supporre, esporre, ecc.
4 adempiere
5 attrarre, contrarre, distrarre, ecc.

接続法大過去

「私はパオロがその電車に乗り遅れるのではないかと心配した(Ho temuto che Paolo perdesse il treno.)」の「乗り遅れる」のかわりに「乗り遅れた」と言うには、どうしたらよいでしょうか。この場合，従属文の接続法半過去のかわりに接続法大過去を用います。

　Ho temuto che Paolo avesse perso il treno.
　　　　私はパオロが電車に乗り遅れたのではないかと心配した。

avesse perso が接続法大過去であり，これは「心配した(ho temuto)」よりも時間的に先行する事柄を問題にしていることを意味します。

接続法大過去の作り方

直説法過去を作るとき，avere を助動詞とする動詞：
　　　　　　　　　　　　　　avere の接続法半過去＋過去分詞
直説法過去を作るとき，essere を助動詞とする動詞：
　　　essere の接続法半過去＋過去分詞(主語の性・数によって語尾変化)

perdere			
io	avessi perso	noi	avessimo perso
tu	avessi perso	voi	aveste perso
lui/lei	avesse perso	loro	avessero perso

arrivare			
io	fossi arrivat**o/a**	noi fossimo arrivat**i/e**	
tu	fossi arrivat**o/a**	voi foste arrivat**i/e**	
lui	fosse arrivato	loro fossero arrivat**i/e**	
lei	fosse arrivata		

o/aとi/eは，主語の性が男性ならば/の前の語尾を，女性ならば/の後の語尾になることを表す

接続法の用法

45ページ「接続法現在」の冒頭で，ある事柄を事実としてではなく，個人的な考え，感想，印象，推測，恐れ，期待などとして，あるいは不確かなこととして述べる場合，イタリア語では接続法を用いると言いましたが，以下においてその用法をもう少し詳しく見ておきます。

①個人的な主観，想像，印象など

　Immagino che voi stiate tutti bene.
　　君たちが皆元気でいると思っています。
　Mi sembrava che Marco fosse arrabbiato.
　　私にはマルコが怒っているように思われた。
　Credevo che i giapponesi fossero puntuali.
　　私は日本人は時間に正確だと思っていました。

②不確かな事柄

　Non so se Luca lavori ancora a Verona.
　　ルーカがまだヴェローナで働いているかどうか知りません。
　Non sono molto sicuro che in questo caso si usi il congiuntivo.
　　この場合接続法を使うのかどうか，私はあまり自信が持てない。

③希望，願望

　Mi auguro che superiate la prova di abilità linguistica.
　　あなたがたが検定試験に合格することを祈っています。
　Speriamo che Anna venga da noi domani.
　/Speriamo che Anna verrà da noi domani.
　　明日アンナが我が家に来るといいね。

接続法のかわりに未来を用いてもよいです。未来を用いた方がより口語的であり，期待の強さが含意されます。

④期待

　Mi aspettavo che lui si accorgesse dell'equivoco.
　　彼が誤解に気づいてくれるのを私は待っていた。

⑤恐れや疑念
　Temiamo che la maggioranza vinca anche le prossime elezioni.
　　我々は与党が次回の選挙でも勝つのではないかと怖れている。
　Dubitano che lo Stato sia in grado di proteggere i dati personali.
　　国家が個人情報を守ることができるのか疑問視されている。

⑥必要性
　È necessario che tu gli mandi subito quella lettera.
　　君は彼にすぐその手紙を送る必要がある。
　Bisognava che finissimo il lavoro entro una settimana.
　　私たちはその仕事を1週間で仕上げる必要がありました。

⑦可能性・蓋然性
　È molto probabile che in futuro la previdenza sociale venga ridotta.
　　社会保障が将来削減されることは大いにありそうだ。
　Non era possibile che lo persuadessi ad accettare la proposta.
　　その提案を受け入れるように私が彼を説き伏せることは不可能だった。
　È impossibile che tu riesca a vedere tutta Roma in una sola settimana.
　　君ねぇ、たった1週間でローマを全部見るなんて無理だよ。

⑧心理状態を表す形容詞とともに
　Sono lieta che abbiate superato l'esame.
　　私は君たちが試験に合格したことを喜んでいます。
　Mi deprimeva molto che il governo avesse deciso di tagliare i fondi per le borse di studio.
　　政府が奨学金を削減することを決めたのは，私にははなはだ遺憾であった。

⑨話者の主観や判断を表す形容詞とともに
　Non è giusto che tu critichi il suo comportamento.
　　君が彼の行動を批判するのは正しくない。

⑩不定関係詞とともに
　Chiunque venga, non lo fare entrare！
　　誰が来ても，中に入れるな。

Dovunque vada, sarai accolta a braccia aperte.
> 君はどこに行っても，温かく歓迎されるだろう。

⑪関係詞とともに

Cerco un assistente che parli l'italiano e il francese.
> 私はイタリア語とフランス語ができるような助手を探している。
> ❖つまり，具体的な個人ではなく，「イタリア語とフランス語ができる」という条件を満たす人物が問題になっているような場合です。

⑫目的

Devi parlare chiaramente perché tutti ti possano capire.
> 皆が理解するように，君ははっきりと話さなくてはならない。

Le ho dato il mio numero di telefono perché potesse telefonarmi in seguito.
> 後で彼女が私に電話をかけられるように，電話番号を教えた。

⑬譲歩

Sebbene fosse stanchissimo e avesse un sonno terribile, ha continuato a leggere la lunga lettera che aveva ricevuto.
> 彼はひどく疲れ，眠かったけれど，受け取ったその長い手紙を読み続けた。

Nonostante che la gente si opponesse alla proposta di legge, il governo riuscì a farla approvare.
> 人々がその法案に反対していたにもかかわらず，政府はそれを何とか可決した。

上記，sebbene，nonostante che の他に benché，malgrado，quantunque，per quanto などの接続詞が接続法とともに用いられます。ただし，anche se とともに用いるときはしばしば動詞は直説法になります。

Anche se studia la storia greca antica, non è mai stato in Grecia.
> 彼は古代ギリシャ史を研究しているにもかかわらず，ギリシャに行ったことがない。

⑭様態

Il professore racconta la congiura di Catilina come se avesse incontrato personalmente Cicerone, Catone e Cesare.
> 先生はあたかも実際にキケロー，カトーやカエサルに会ったかのように，カティリーナの陰謀を物語る。

Ulisse si comportava come se fosse pazzo.

オデュッセウスは気の触れたもののように振る舞っていた。

⑮比較文において

Questo è il film più interessante che io abbia visto.
これは、私が見た映画でもっとも面白い。

I mezzi pubblici in Italia erano più puntuali di quanto io avessi immaginato.
イタリアの公共交通機関は、私が想像していたよりも時間に正確だった。

⑯条件を表す節のなかで(なお、se で導かれる条件節については65ページ以降で扱います)

Ti presto la macchina, a patto che tu me la restituisca entro domani.
明日までに僕に返すという条件で、僕は君に車を貸してやる。

⑰以下のように主節と従属節の順序が逆転した場合

Che Leonardo sia arrivato ad Osaka ieri, lo sappiamo.
＝Sappiamo che Leonardo è arrivato ad Osaka ieri.
レオナルドが昨日大阪に着いたことを、私たちは知っている。

まだまだこの他にも接続法の用法はありますが、ひとまずはこれくらいにしておきましょう。

接続法のかわりに不定詞を用いる場合

(A) Credo che capiate.　　　　私は君たちが理解していると信ずる。
(B) Credo di capire.　　　　　私は自分が理解していると信ずる。

主節の主語と従属節の主語が一致しない場合、(A)のように従属節は接続法を用います。これに対して、主節と従属節の主語が一致する場合は、che に導かれる従属節のかわりに、(B)のように di ＋不定詞を用います。また、「私は自分が理解したと信ずる」という風に、過去の自分の理解を問題にする場合は、di ＋複合不定詞を用います。

(C) Credo di aver capito.　　　私は自分が理解したと信ずる。

一方主動詞が過去の場合は，たとえば以下のようになります。

Credevo di capire.	私は自分が理解していると信じていた。
Credevo di aver capito.	私は自分が理解したと信じていた。

独立文における接続法

以下のような場合においては，従属節ではなく独立文でも接続法が用いられます。

①命令や祈願を表す場合

Viva Verdi!	ヴェルディ万歳！
Abbiamo pazienza!	我慢しようよ！
Dio vi benedica sempre!	神様がいつもあなた方を祝福してくださいますように！

②懐疑を表す場合

Perché Panfilo non viene? Che abbia dimenticato l'appuntamento?
　どうしてパンフィロは来ないの？　約束を忘れてしまったのかしら？

Dove è il mio telefonino? Che l'abbia lasciato al bar?
　私の携帯電話はどこだろう？　バールに置いてきてしまったのかな？

③満たされない祈願の表明：接続法半過去，接続法大過去が用いられます。

Magari Federico fosse con noi!
　フェデリーコが，私たちと一緒にいればよいのに！

Magari mi fossi preparato di più per la prova di abilità linguistica!
　もっと検定試験の準備をしておくんだった！

練習 1

Ho paura che domani _____ sciopero.
　(a) ci fosse stato　　　　(b) ci sarebbe stato
　(c) ci sia　　　　　　　(d) fosse

解答　(c)「私は明日ストがあるのではないかと心配です。」
接続法を用い，ci ＋ essere の構文をとりますから，ci sia が正解です。

練習 2

Spero che mio nonno ＿＿＿＿ presto.
　(a) guarirà　　(b) si guarisce　　(c) guaria　　(d) si guarisca

解答　(a)「祖父がすぐ回復するよう私は願っている。」
guarire は他動詞ないしは自動詞ですから，(b) si guarisce と(d) si guarisca はまず除去されます。(c) guaria は接続法の語形としては間違っています。正しくは guarisca です。sperare の従属節で未来が用いられることはあり得ますから，(a) guarirà が正解ということになります。

練習 3

Non so se Laura ＿＿＿＿ a Roma ieri.
　(a) sia tornata　　(b) tornassi　　(c) torni　　(d) è tornata

解答　(a)「私はラウラが昨日ローマに戻ったかどうか知らない。」
主節の動詞は現在で，従属節には ieri とあり，過去の出来事を問題にすることが明示されています。したがって，接続法過去が適切です。

練習 4

È possibile che il presidente ＿＿＿＿.
　(a) dimette　　(b) si dimette　　(c) dimetta　　(d) si dimetta

解答　(d)「大統領が辞職する可能性はある。」
まず，dimettere は自動詞にはなりません。そして「辞任する」の意味では，再帰代名詞を伴います。したがって解答は(b)か(d)に絞られますが，essere possibile che ... は接続法を伴うので，si dimetta が正解です。

練習 5

Benedetta era tutta bagnata come se _____ nel fiume.
　　(a) fosse caduta　(b) cada　　(c) cadesse　　(d) sia caduta

解答　(a)「ベネデッタは川にでも落ちたかのように，ずぶ濡れだった。」
come se に導かれる従属節の動詞の表す行為が，主節の動詞の表す行為に先行する場合，従属節の動詞は接続法大過去で置かれます（53ページ⑭参照）。

練習 6

Il nemico si avvicinava al castello senza fare rumore perché le guardie non _____ .
　　(a) se ne accorgessero　　　(b) se ne siano accorte
　　(c) se ne accorgano　　　　(d) se ne fossero accorte

解答　(a)「敵は，番兵が気づかないよう，物音を立てることなく要塞に近づいた。」
perché はここでは，理由を表す接続詞ではなく，目的を表す接続詞と考えてください。そして主節の動詞は過去時制なので，従属節の動詞は接続法半過去になります。

練習 7

La stazione è lontana da qui. Bisogna che tu _____ un taxi.
　　(a) prendere　(b) prenderesti　(c) prendessi　(d) prenda

解答　(d)「ここから駅は遠い。君はタクシーに乗る必要があります。」
必要性を表す bisognare che ... は接続法を伴います。主節は現在ですから，従属節は接続法現在になります（52ページ⑥参照）。

練習 8

Si dice che il preside non _____ bene, però quando l'ho visto ieri, stava benissimo.

(a) sta   (b) è stato   (c) stia   (d) sia

解答　(c)「学部長は具合がよくないという話だ。でも，私が昨日会ったときは，とても元気だった。」
Si dice che ... で，「人は…と言っている，話している」ということになりますが，内容について話者が疑いを持っているような場合は，従属節で接続法を使います。

練習 9

Nonostante che l'autista ＿＿＿＿, ha guidato ugualmente.
  (a) ha bevuto   (b) aveva bevuto   (c) bevesse   (d) avesse bevuto

解答　(d)「運転手は酒を飲んだにもかかわらず，運転した。」
nonostante che は接続法を伴います。この文では主節の動詞が過去時制であり，「酒を飲む」のは運転に先だって行われる行為ですから，接続法大過去が用いられます。

練習10

Giorgio mi ha spiegato che la mia collaborazione ＿＿＿＿ indispensabile per realizzare il piano.
  (a) era   (b) fosse stata   (c) fosse   (d) sia

解答　(a)「ジョルジョは私に，私の協力が計画実現に不可欠であることを説明した。」
接続法の問題ばかり並んでいると，つい接続法の選択肢に目が行きますが，この場合は接続法は使いません。spiegare を用いる場合，ある事柄を個人的考えではなく，あくまで客観的事実として説くことになるので，直説法を用います。

練習11

Vengo domani, a meno che non ＿＿＿＿ sciopero.
  (a) ci sia   (b) c'è   (c) ci sarà   (d) esserci

解答 (a)「ストがない限り，明日参ります。」
a meno che ... は接続法を伴い，「…でない限り，…であることを除き」の意味になります。

練習12
Peccato che domani non ＿＿＿＿ stare con noi.
  (a) avresti potuto (b) potresti   (c) abbia potuto (d) possa

解答 (d)「君が明日私たちと一緒にいられないとは残念だ。」
「明日」のことを問題にしていますが，接続法未来というのはありませんから，接続法現在を用います。

練習13
Mi pare che il presidente ＿＿＿＿ una politica diplomatica poco prudente.
  (a) avesse condotto   (b) ha condotto
  (c) abbia condotto   (d) avrebbe condotto

解答 (c)「私には，大統領が賢明さを欠いた外交政策を行ったように思われる。」
個人的な意見ということで，接続法を用いるのが妥当であり，さらに主節は現在形ですから，接続法過去が用いられます。

練習14
Vicenza è la città più bella che io ＿＿＿＿.
  (a) avessi visitato   (b) visitassi
  (c) visiti   (d) abbia visitato

解答 (d)「ヴィチェンツァは，私の訪れたなかでもっとも美しい町です。」
関係文の先行詞が形容詞の最上級で修飾されているとき，関係詞節のなかでは接続法が用いられます。文意からここでは接続法過去が妥当です（54ページ⑮参照）。

練習15

In qualunque paese si ＿＿＿＿, si troveranno terroristi e organizzazioni criminali.

　　(a) va　　　　(b) andasse　　(c) vada　　　(d) sia andati

解答　(c)「どこの国に行っても，人はテロリストや犯罪組織に出会うだろう。」

　　　直説法の(a)はただちに除外されます。主節は未来時制ですから，接続法の過去時制は適当ではありません(52ページ⑩参照)。

練習16

Voglio che Carlo ＿＿＿＿ a prendermi.

　　(a) venisse　　(b) venga　　(c) venire　　(d) verrà

解答　(b)「私はカルロに迎えに来てほしい。」

　　　希望や願望を表す動詞が主節に置かれた場合，希望や願望の内容を表す従属節のなかでは接続法が用いられます(51ページ③参照)。sperare の場合従属節に直説法を用いることも可能ですが，volere の場合は必ず接続法を使います。主節には現在形 Voglio が使われていますから，venga が正解です。ただし Voglio のかわりに Vorrei が用いられると，接続法半過去になります。

　　　Vorrei che Carlo venisse a prendermi. (カルロが私を迎えに来てくれればよいのに)

練習17

Ho accettato la tua proposta, non perché ＿＿＿＿, ma perché ＿＿＿＿.

　　(a) mi piace / non avevo altra scelta
　　(b) mi piacesse / non avevo altra scelta
　　(c) mi piaceva / io non avessi altra scelta
　　(d) mi piacesse / io non avessi altra scelta

解答　(b)「私は君の提案を受け入れたが，それは私がそれを気に入ったか

60

らではなく，他に選択肢がなかったからだ。」
通常理由を表す perché においては，直説法が用いられます。しかし話者が理由だとは考えず，他者の理由としてあるいは否定語を前につけ仮の理由として，ある事柄を提示する場合，接続法が用いられます。

練習18

Nella sua camera c'è la luce accesa. Che _____ ancora sveglio ?
　(a) è　　　　　(b) sia　　　　(c) sia stato　　　(d) fosse

解答　(b)　「彼の部屋には明かりがついている。まだ起きているのだろうか？」
　　　　　55ページ②参照。

練習19

I nostri figli non sono ancora tornati. Che _____ la strada ?
　(a) abbiano perso　　　　　(b) perdessero
　(c) avessero perso　　　　　(d) hanno perso

解答　(a)　「息子たちはまだ戻ってこない。道に迷ったのだろうか？」
　　　　　55ページ②参照。

練習20

Sono ricchi e hanno una bellissima villa. _____ anch'io la fortuna che hanno loro !
　(a) Abbia　　(b) Avrei　　(c) Avessi　　(d) Abbia avuto

解答　(c)　「彼らは金持ちで美しい別荘を持っている。私も彼らのような幸運に恵まれているならよいのに！」
　　　　　55ページ③参照。

第6章 条件法

条件法には現在と過去があります。まず，その作り方と用法について簡単にまとめておきます。その上で，条件法を接続法半過去や大過去と組み合わせて作る，事実に反する仮定文について学びます。

条件法現在

未来幹に，人称に応じて -ei, -esti, -ebbe, -emmo, -este, -ebbero といった語尾を付ければできます。たとえば，venire の場合未来1人称単数は verrò ですから，未来幹は verr- になります。以下の活用表の枠囲み部分は未来幹を，太字は活用語尾を表します。

	venire	essere	avere
io	verr**ei**	sar**ei**	avr**ei**
tu	verr**esti**	sar**esti**	avr**esti**
lui	verr**ebbe**	sar**ebbe**	avr**ebbe**
noi	verr**emmo**	sar**emmo**	avr**emmo**
voi	verr**este**	sar**este**	avr**este**
loro	verr**ebbero**	sar**ebbero**	avr**ebbero**

条件法過去

直説法近過去を作るとき，avere を助動詞とする動詞：
　　　　　　　　　avere の条件法現在＋過去分詞
直説法近過去を作るとき，essere を助動詞とする動詞：
　　　　　essere の条件法現在＋過去分詞(主語の性・数によって語尾変化)

perdere					
io	avrei	perso	noi	avremmo	perso
tu	avresti	perso	voi	avreste	perso
lui	avrebbe	perso	loro	avrebbero	perso

partire					
io	sarei	partit**o**/**a**	noi	saremmo	partit**i**/**e**
tu	saresti	partit**o**/**a**	voi	sareste	partit**i**/**e**
lui	sarebbe	partit**o**	loro	sarebbero	partit**i**/**e**
lei	sarebbe	partit**a**			

/の前後はそれぞれ男性形, 女性形を表す

条件法の用法（単独で用いられる場合）

①ある行為を実現するものとしてではなく，あくまでも希望に基づき可能性を帯びた行為として述べる場合

Domani andrei a Firenze.
　　私は明日フィレンツェに行ければと思っています。

この文は「フィレンツェに行く」という行為の可能性を問題にしており，行為を実現するものとして表現してはいません。「フィレンツェに行」きたい気持ちは山々だが，本当に行けるかどうかはわからない。実現の可能性は，五分五分かなという場合に用います。

②丁寧なあるいは控えめな調子を添える場合（条件法現在を用います）

Vorrei provare queste scarpe.
　　私はこの靴を試してみたいのですが。

Potrebbe venire da noi ?
　　我が家に来ていただけますか？

Sarebbe meglio che prendeste il taxi.
　　あなた方はタクシーにお乗りになった方がよいでしょう。

③現在または過去の不確定の事柄を，個人的見解や推測，あるいは伝聞として述べる場合

Secondo il telegiornale il criminale non sarebbe più in Giappone.
> テレビのニュースによれば，犯人はもう日本にはいないでしょう。

Secondo il giornale il signor X sarebbe stato ucciso nell'attentato.
> 新聞によればX氏はテロで殺されたそうだ。

④ 過去において実現しなかった行為や現在および未来においても実現の見込みのない行為については，条件法過去を用います。

Non sapevo che si fossero sposati : avrei voluto fargli un regalo.
> 知らなかったよ，彼らが結婚したとはね。何か贈り物をしてあげたかった（実際には贈り物をしなかったことを意味します）。

Ho fatto bene ad alzarmi prima delle sei, altrimenti avrei perso il treno.
> 6時前に起きてよかった。でなければ，その電車には乗れなかった（実際には電車には乗れたことを意味します）。

Ieri Marco sarebbe voluto andare al cinema con Florence, ma doveva tornare a Gorizia.
> 昨日マルコはフロランスと一緒に映画に行きたかったのだが，ゴリーツィアに戻らなくてはならなかった。

Oggi sarei andato a Firenze, ma non posso, perché mio figlio sta male.
> 今日はフィレンツェに行きたいところだけれど，だめだね。うちの子供の具合が悪いから。

条件法現在と条件法過去の違いにも注意してください。

(A) Oggi andrei a Firenze.　　　今日はフィレンツェに行ければと思っています。

(B) Oggi sarei andato a Firenze.　　　今日はフィレンツェに行きたいところなのですが。

条件法現在を用いた(A)においてフィレンツェに行くことは実現可能な行為として捉えられていますが，他方，条件法過去を用いた(B)では，実現の見込みのないことと捉えられているのです。

事実に反する仮定文（条件法が接続法半過去や大過去と組み合わされる場合）

  Se domani non pioverà, uscirò.   明日雨が降らなければ，私は外出します。

明日雨が降るか否かはまだ事実として確定していませんから，「明日雨が降らなければ」という仮定は事実に反しているわけではありません。このようなときは，直説法を用いて上のように表現することが可能です。ところが現在雨が降っていて，「もし雨が降っていなければ，私は外出するのだが」と言う場合，事実に反する仮定をしています。このようなとき，条件節には接続法半過去，帰結節に条件法現在を用い，以下のように表現します。

  Se non piovesse, uscirei.

なお，「雨が降らない」可能性をゼロとは言わないまでも，実現の疑わしいものと考え，「雨が降っていなければ，私は外出するのだが」と言うような場合にも上の文は用いることができます。

一方，「もし昨日雨が降らなかったならば，私は外出したのだが」と，過去の事実（昨日は雨が降った）に反する仮定を行う場合，条件節には接続法大過去，帰結節に条件法過去を用い，以下のように表現します。

  Se ieri non fosse piovuto, sarei uscito.

過去の事実に反する仮定をし，仮定の帰結が現在におよぶような場合，帰結節には条件法現在を用います。たとえば「今朝時間通りに出かけていれば，今頃は学校にいるのだが」というような場合は，以下のようになります。

  Se stamattina io fossi uscito in orario, ora sarei a scuola.

	条件節	帰結節
現在の事実に反する仮定	接続法半過去	条件法現在
過去の事実に反する仮定 帰結が過去に留まる場合 帰結が現在におよぶ場合	 接続法大過去 接続法大過去	 条件法過去 条件法現在

なお，条件法の「条件」という言葉には決して惑わされないように。条

件節のなかでは条件法は使うことができません。条件法を使うのは，あくまでも帰結節であることに注意してください。

最後に，これまで見た，事実に反する条件文を用いた例をあげておきます。

> Se non avessi perso il passaporto, ieri sarei partito. Se fossi partito, ora sarei già a Firenze. Se fossi lì, andrei a vedere lo spettacolo al Teatro Comunale.
>> もしパスポートをなくすことがなかったならば，昨日私は出発していただろう。もし出発していれば，今はもうフィレンツェに入っているだろう。もしフィレンツェにいれば，市立劇場へ公演を見に行くのに。

練習 1

Se ti _____, prendi ancora un po' di pasta.
　(a) piaci　　　(b) piaccia　　　(c) piace　　　(d) piacerebbe

解答　(c)「もしよかったら，もう少しパスタを食べなさい。」
　　　(d)は条件法なので不可です。条件節のなかでは条件法は用いません。

練習 2

Vuoi andare a teatro ? Io _____ andare al cinema.
　(a) preferiscerei　(b) preferirei　　(c) piacerei　　(d) piacerebbe

解答　(b)「君は芝居に行きたいのか？　私は映画の方がいいのだけれど。」
　　　要望を控え目に，丁寧に述べる条件法現在です。preferire の条件法 1人称単数は preferirei ですね。もし，Io のかわりに Mi が使われていれば，(d)が正解ということになります。

練習 3

_____ ci sarebbe stato un incidente ferroviario tra Milazzo e Messina.
　(a) Sul giornale radio　　　(b) Attraverso il giornale radio

(c) Con il giornale radio　　　(d) Secondo il giornale radio

解答　(d)「ラジオのニュースによれば，ミラッツォとメッシーナとのあいだで鉄道事故があったということだ。」
「…によれば」と情報源を述べるときは，secondo ... と言います。鉄道事故があったことは伝聞として述べられているので，条件法過去が使われています。

練習 4

Sicuramente quei ragazzi avevano bevuto, altrimenti non _____ un incidente.

　(a) avrebbero　　　　　　(b) avessero
　(c) avessero avuto　　　　(d) avrebbero avuto

解答　(d)「きっと少年たちは酒を飲んでいたのだろう。さもなきゃ事故にはあわなかっただろう。」
altrimenti と言うことによって，過去の現実に反する仮定をしていますから，条件法過去を用います。

練習 5

Stasera _____ venire al cinema con te, ma non posso. Ho ancora tanto da studiare per l'esame di domani.

　(a) volessi　　(b) vorrei　　(c) voglio　　(d) avrei voluto

解答　(d)「今晩君と映画に行きたいけれど，ダメだよ。明日試験があり，勉強しなくてはならないことがまだ山ほどあるんだ。」
今晩映画に行きたい気持ちはあるが，実現は不可能という状況なので，条件法過去を用います(64ページ④参照)。

練習 6

Stamattina _____ telefonarti, ma me ne sono dimenticato.

　(a) devo　　(b) dovessi　　(c) avrei dovuto　　(d) dovrei

解答 ▎(c)「今朝あなたに電話をかけるべきだったのに，忘れてしまった。」
「忘れてしまった」と言っていますから，これも実現しなかった行為を問題にしているわけで，avrei dovuto が正しい答えになります（64ページ④参照）。

練習7

Peccato che la signora Ferilli sia già partita! _____ almeno salutarla.
　(a) Voglio　　(b) Vorrei　　(c) Avrei voluto　(d) Volessi

解答 ▎(c)「残念なことにフェリッリ夫人はもう発ってしまった。せめて挨拶くらいはしたかったのに。」
フェリッリ夫人の出発前に「挨拶する」ことは，過去において実現しなかった行為なので，条件法過去を用います。

練習8

Ieri mi _____ venire a Pisa con voi, ma avevo un impegno di lavoro.
　(a) piacerebbe　　　　　　(b) avrebbe piaciuto
　(c) sarebbe piaciuto　　　　(d) piacesse

解答 ▎(c)「昨日は君たちと一緒にピサに行きたかったけれど，私は仕事があった。」
ピサに行くことは過去において実現しなかった行為であり，条件法過去を用います。piacere は近過去の助動詞として essere を用いますから，(b)は不可です。

練習9

Incredibile! Chi _____ che la nostra squadra vincesse la finale?
　(a) avrebbe pensato　　　　(b) penserebbe
　(c) ha pensato　　　　　　 (d) penserà

解答 ▎(a)「信じられない。誰が私たちのチームが決勝試合に勝つと思った

だろうか？」
実際には誰も私たちのチームの勝利を予想しなかったのですから，過去において実現しなかった行為ということで，条件法過去になります。

練習10

Marco, abbiamo bisogno di te. Come _____ realizzare il nostro progetto senza la tua collaborazione ?
 (a) potessimo   (b) avessi potuto
 (c) potremmo   (d) avremmo potuto

解答　(c)　「マルコ，私たちは君が必要だ。君の協力なしに，どうして私たちは計画を実現できるだろうか？」
現在または未来における実現が問題になっていますから，条件法現在を使います。

練習11

Se domenica la squadra vincesse, non _____ la retrocessione.
 (a) avrei rischiato   (b) rischierebbe
 (c) sarebbe rishiato   (d) avesse rischiato

解答　(b)　「もしそのチームが今度の日曜日に勝つならば，降格の危険性はないのだが。」
条件節は接続法半過去になっており，現在または未来における実現の見込みの少ない出来事が問題になっています。帰結節は条件法現在になります。なお，この場合，rischiare は他動詞として用いられています。

練習12

Se la prossima settimana _____, _____ a sciare.
 (a) nevicherebbe / andremmo   (b) nevicasse / saremmo andati
 (c) nevicasse / andremmo   (d) avesse nevicato / andremo

解答 (c)「もし来週雪が降れば，スキーに出かけるのだが。」
　　条件節には la prossima settimana という語句がありますから，未来の出来事の可能性が問題になっています。選択肢を見渡すと，まず(b)と(c)が残りますが，帰結節では条件法現在を使いますから，(c)が正解となります。

練習13

Se non ＿＿＿＿ l'*Iliade* l'anno scorso, ora non ＿＿＿＿ di scrivere la tesi su Omero.
　(a) leggessi / avrei pensato　　(b) avessi letto / penserei
　(c) avessi letto / avrei pensato　(d) avrei scritto / pensassi

解答 (b)「もし昨年『イーリアス』を読まなかったならば，今ホメーロスについて論文を書くことは考えないだろう。」
　　l'anno scorso という条件節の語句と帰結節の ora という語から，接続法大過去と条件法現在の組み合わせであることがわかります。

練習14

Se lui non ＿＿＿＿ a Firenze, non ＿＿＿＿ sua moglie.
　(a) studiasse / incontrerebbe
　(b) avesse studiato / incontrasse
　(c) studiasse / avrebbe incontrato
　(d) avesse studiato / avrebbe incontrato

解答 (d)「もし彼がフィレンツェで勉強しなかったならば，奥さんと出会うこともなかったであろう。」
　　これは過去の事実に反する仮定をして，その帰結を過去の範囲で述べる例文ということになります。したがって，接続法大過去と条件法過去の組み合わせを用います。

練習15

Se ieri sera ＿＿＿＿ a letto più presto, anche oggi ＿＿＿＿ alle sette

come al solito.
   (a) fossi andata / mi sarei alzata   (b) fossi andata / mi fossi alzato
   (c) andassi / mi sarei alzato   (d) andassi / mi fossi alzata

解答 (a)「もし昨晩もっと早く就寝していたならば，今日もいつものように7時に起きていただろう。」
    条件節には ieri sera とありますから，選択肢を見渡して接続法大過去を選び，帰結節は条件法過去です。

練習16

Per fortuna ho preso il taxi. Se _____ l'autobus, _____ il treno.
   (a) aspettassi / perderei   (b) avessi aspettato / perderei
   (c) aspettassi / avrei perso   (d) avessi aspettato / avrei perso

解答 (d)「タクシーに乗ったのは，幸運だった。もしバスを待っていたら，その電車には乗れなかっただろう。」
    これは，過去の事実に反する仮定を接続法大過去で，仮定の帰結を条件法過去で表現します。

第 7 章　時制と法の照応

基本的な時制と法の照応関係

「ルイーザはマリオがバルバラに会っていることを知っている」という文は,

　　Luisa sa che Mario vede Barbara.

となります。これに対して「ルイーザはマリオがバルバラに会っているかどうかを知りません」は，第5章で学んだように接続法現在を用いて

　　Luisa non sa se Mario veda Barbara.

と表現するのでした。

さて「バルバラに会っている」のかわりに「バルバラに会った」（「知っている」に比べ，時間的に先行）あるいは「バルバラに会うことになっている」（「知っている」に比べ，時間的に後続）と表現する場合はどうなるでしょうか。さらに「知っている」のかわりに「知っていた」，「知ることだろう」と表現する場合は，どうなるでしょう。以下に整理しておきましょう。

①主節が直説法現在の場合（カッコ内は主節との時間的関係を表します）

　　Luisa **sa** che Mario　vedrà*　　　Barbara.
　　Luisa **sa** che Mario　vede　　　　Barbara.
　　Luisa **sa** che Mario　ha visto**　Barbara.
　　　（後）　ルイーザはマリオがバルバラに会うことになっていることを知っている。
　　　（同時）ルイーザはマリオがバルバラに会っていることを知っている。
　　　（前）　ルイーザはマリオがバルバラに会ったことを知っている。
　　　　* vedrà のかわりに現在 vede を用いることもあります。
　　　 ** 近過去 ha visto のかわりに半過去，遠過去，大過去を用いることもあります。

Luisa **non sa** se Mario veda*   Barbara.
Luisa **non sa** se Mario veda   Barbara.
Luisa **non sa** se Mario abbia visto** Barbara.

 (後) ルイーザはマリオがバルバラに会うことになっているかどうか知らない。

 (同時)ルイーザはマリオがバルバラに会っているかどうか知らない。

 (前) ルイーザはマリオがバルバラに会ったかどうか知らない。

  * 従属節の行為が時間的に主節の後になる場合，接続法現在 veda のかわりに vedrà が用いられることもあります。

  ** 接続法過去 abbia visto のかわりに，接続法半過去が用いられ，過去の習慣的，持続的な意味になることもあります。
   Luisa non sa se Mario vedesse Barbara.（ルイーザはマリオがバルバラに会っていたかどうか知らない）

②主節が直説法の過去時制の場合(例は半過去ですが，近過去，遠過去，大過去のときも同様)

Luisa **sapeva** che Mario avrebbe visto* Barbara.
Luisa **sapeva** che Mario vedeva   Barbara.
Luisa **sapeva** che Mario aveva visto   Barbara.

 (後) ルイーザはマリオがバルバラに会うことになっていることを知っていた。

 (同時)ルイーザはマリオがバルバラに会っていることを知っていた。

 (前) ルイーザはマリオがバルバラに会ったことを知っていた。

  * 口語的な用法では，avrebbe visto のかわりに，直説法半過去 vedeva が用いられることがあります。

Luisa **non sapeva** se Mario avrebbe visto Barbara.
Luisa **non sapeva** se Mario vedesse   Barbara.
Luisa **non sapeva** se Mario avesse visto   Barbara.

 (後) ルイーザはマリオがバルバラに会うことになっているかどうか知らなかった。

 (同時)ルイーザはマリオがバルバラに会っているかどうか知らなかった。

 (前) ルイーザはマリオがバルバラに会ったかどうか知らなかった。

③主節が直説法未来の場合
　　Luisa **saprà** che Mario　vedrà　　　　Barbara.
　　Luisa **saprà** che Mario　vedrà*　　　　Barbara.
　　Luisa **saprà** che Mario　avrà visto** Barbara.
　　　（後）ルイーザはマリオがバルバラに会うことになっていることを知るだろう。
　　　（同時）ルイーザはマリオがバルバラに会っていることを知るだろう。
　　　（前）ルイーザはマリオがバルバラに会っていたことを知るだろう。
　　　　* 同時性を表す場合，未来 vedrà のかわりに現在 vede が用いられることもあります。
　　　　** 前未来 avrà visto のかわりに，場合によっては近過去，半過去，遠過去，大過去が使われることもあります。

Luisa **non saprà** se Mario　veda*　　　　Barbara.
Luisa **non saprà** se Mario　veda*　　　　Barbara.
Luisa **non saprà** se Mario　abbia visto** Barbara.
　　（後）ルイーザはマリオがバルバラに会うことになっているかどうか知ることはないだろう。
　　（同時）ルイーザはマリオがバルバラに会っているかどうか知ることはないだろう。
　　（前）ルイーザはマリオがバルバラに会っていたかどうか知ることはないだろう。
　　　* 接続法現在 veda のかわりに，直説法未来 vedrà が用いられることがあります。
　　　** 接続法過去 abbia visto のかわりに，直説法前未来 avrà visto が用いられる場合もあります。

なお，上記の接続法が用いられる例文においても，口語的な文脈においては，接続法のかわりに直説法が用いられることがあります。また，se のかわりに che が用いられる場合，しばしば直説法になります。

　　Luisa non sa se Mario vede Barbara.
　　　　ルイーザはマリオがバルバラと会っているかどうか知らない。
　　Luisa non sa che Mario vede Barbara.
　　　　ルイーザはマリオがバルバラと会っていることを知らない。

④主節が条件法の場合
「私はマリオが東京に来ることを望む」は

Voglio che Mario venga a Tokyo.

となり，従属節では接続法現在を使います。ところが，voglio のかわりに条件法現在 vorrei を用いた場合，従属節のなかでは接続法半過去が用いられます。

(A) Vorrei che Mario venisse a Tokyo.　　マリオが東京に来ればよいのだが。

(A)は現時点の事柄に関する希望を表現していますが，過去の事柄に関する希望を表現する場合は，(B)のように接続法大過去を用います。

(B) Vorrei che allora Mario fosse venuto a Tokyo.
　　そのときマリオが東京に来ていたならばよいのだが。

また，条件法現在 vorrei のかわりに条件法過去 avrei voluto を用いるならば，以下のようになります。

(C) Avrei voluto che Mario venisse a Tokyo.
　　マリオが東京に来ればよいのにと思っていた。［接続法半過去］

(D) Avrei voluto che Mario fosse venuto a Tokyo.
　　マリオが東京に来ていたならばよいのにと思っていた。［接続法大過去］

いずれにせよ，主節の行為は過去におけるものですが，(C)は主節と従属節が同時である場合，(D)は主節に対して従属節が時間的に先行する場合です。

主節が条件法の場合，従属節の時制は以下のようになります。

主節	同時(および後)	前
条件法現在	接続法半過去	接続法大過去
条件法過去	接続法半過去	接続法大過去

例外：dire，pensare など「断定保留」の動詞のときは，従属節のなかは接続法現在となります。

Direi che Mario voglia venire a Tokyo.
　　マリオは東京に来たいのでしょうね。

Penserei che Mario voglia venire a Tokyo.
　　マリオは東京に来たいのだと思いますが。

時を表す従属節における時制の照応

①時間的に主節と同時

> Mentre guardavo la televisione, Maria mi ha telefonato.
> 私がテレビを見ていると、マリーアが電話してきた。
>
> Non usare il telefonino mentre guidi !
> 車を運転しているときは、携帯電話を使ってはいけません。
>
> Quando è venuto il postino, non ero in casa.
> 郵便配達が来たとき、私は家にいなかった。

従属節の主語が主節の主語と一致するときは、ジェルンディオあるいは不定詞を用いて以下のように表現することができます。

> Quando leggo la *Divina Commedia*, ho sempre molte difficoltà.
> ＝Leggendo la *Divina Commedia*, ho sempre molte difficoltà.
> ＝Nel leggere la *Divina Commedia*, ho sempre molte difficoltà.
> 『神曲』を読んでいると、ぼくはいつも難しいと思う。
>
> Quando ci penso, mi preoccupo.
> ＝Pensandoci, mi preoccupo.
> ＝A pensarci, mi preoccupo.
> そのことを考えると、私は心配になります。

②主節よりも前

dopo che で導かれる従属節では必ず複合時制(近過去、大過去、前過去、前未来)を用います。

> Dopo che Maria ci ha comunicato la sua decisione, eravamo tutti molto dispiaciuti.
> マリーアが我々に決意を伝え、我々はとても残念な気持ちになった。［近過去］
>
> Dopo che il governo aveva proposto di aumentare le tasse, la gente è scesa in piazza.
> 政府が増税を提案した後、人々はデモを行った。［大過去］
>
> Dopo che i Galli ebbero invaso Roma, la saccheggiarono e devastarono.

ガリア人はローマに侵入した後，略奪し破壊した。［前過去］

Dopo che avrò superato l'esame, mi assegneranno una borsa di studio.
もし私がその試験に合格すれば，奨学金が支給されるだろう。［前未来］

主節の主語が一致する場合，dopo che で導かれる従属節のかわりに，完了不定詞，ジェルンディオの複合形，過去分詞構文を用いて表現することもできます。

(A) Dopo che avevo finito il corso a Firenze, sono tornato in Giappone.
　＝Dopo aver finito il corso a Firenze, sono tornato in Giappone.
［完了不定詞］
　＝Avendo finito il corso a Firenze, sono tornato in Giappone.
［ジェルンディオの複合形］
　＝Finito il corso a Firenze, sono tornato in Giappone.
フィレンツェで課程を修了したのち，私は日本に戻った。　［過去分詞構文］

(B) Dopo che ero tornata in Giappone, ho cercato lavoro.
　＝Dopo essere tornata in Giappone, ho cercato lavoro.　［完了不定詞］
　＝Essendo tornata in Giappone, ho cercato lavoro.
［ジェルンディオの複合形］
　＝Tornata in Giappone, ho cercato lavoro.　［過去分詞構文］
日本に戻ったのち，私は仕事を探した。

完了不定詞やジェルンディオの複合形などをつくる場合，助動詞が avere になるのか，essere になるのか注意が必要です。(A)の過去分詞構文の場合，直接補語 il corso の性・数に合わせて finito となっています。essere になる場合，過去分詞は意味上の主語に一致します。(B)の場合，「私」は女性です。

③ 主節よりも後
prima che で導かれる従属節のなかでは，必ず接続法を用います。

(A) Prima che Maria arrivasse alla stazione, le ho comprato qualche rivista da leggere in treno.

マリーアが駅に着く前に，私は彼女が列車のなかで読めるよう雑誌を買った。

(B) Prima che tu finisca i compiti, non voglio che tu esca di casa.
お前が宿題を終わらせない限り，私は外出することを許さない。

(A)のように主節の動詞が過去時制であれば従属節では接続法半過去が，(B)のように現在時制(あるいは未来時制)であれば接続法現在です。

従属節の主語が主節の主語と一致するときは，接続法のかわりに，以下のように不定詞を用いて表現することもできます。

　Prima che io parta per il Giappone, ti telefonerò.
＝Prima di partire per il Giappone, ti telefonerò.
日本に発つ前に，私は君に電話します。

練習 1

Credevo che Luigi _____ già svegliato, invece dormiva ancora.
　(a) abbia　　　(b) si sia　　　(c) avessi　　　(d) si fosse

解答　(d)　「ルイージはもうすでに目覚めたと思っていた。でも，彼はまだ寝ていた。」
過去のある時点で完結したと思われていた行為が問題になっていますので，接続法大過去を用います。svegliare は再帰代名詞をともなって，svegliarsi「目覚める」の意味になります。

練習 2

Penso che la Nazionale italiana _____ con la Spagna domani.
　(a) vincerà　　　(b) vincesse　　　(c) vincere　　　(d) vincia

解答　(a)　「明日はイタリアのナショナル・チームがスペインのチームを破ると私は思う。」
主節において pensare が直説法現在で使われ，未来の事柄についての考えを述べる場合，従属節では接続法現在の他，直説法未来が用いられることもあります。なお vincere の接続法現在は vincia ではなく，vinca です。

7　時制と法の照応

練習 3

Enrico mi ha detto che qualche giorno prima _____ il libro di Valerio Flacco in quella libreria.
　(a) aveva visto　(b) vedeva　(c) abbia visto　(d) avesse visto

解答　(a)　「エンリーコは，何日か前にウァレリウス・フラックスの本をあの本屋で見かけたと私に言った。」
　　　主節が過去時制で，主節の行為に先行する行為なので，大過去を用います。

練習 4

Penelope non sapeva se suo marito _____.
　(a) sia stato già ritornato　　(b) sia già ritornato
　(c) è già ritornato　　(d) fosse già ritornato

解答　(d)　「ペーネロペーは，すでに夫が戻ってきたかどうかを知らなかった。」
　　　従属節は，主節よりも前に起きている出来事（夫の帰還）を問題にしています。主節は non sapeva ですから，接続法大過去を用います。

練習 5

Credevo che mi _____ la carta d'imbarco, ma ce l'avevo in tasca.
　(a) hanno rubato　　(b) rubassero
　(c) abbiano rubato　　(d) avessero rubato

解答　(d)　「僕は，誰かに搭乗券を盗まれたと思っていたのですが，それはポケットのなかに入っていました。」
　　　従属節で接続法を用いる動詞 credere が過去時制であり，時間的に従属節の行為は主節に先行しますので，動詞は接続法大過去になります。

練習 6

Credevo che il presidente _____ oggi, ma è bloccato a Parigi per lo sciopero generale.
- (a) torna
- (b) fosse tornato
- (c) sarebbe tornato
- (d) è tornato

解答 (c) 「私は，社長が今日戻ると思っていました。しかし，ゼネストの影響でパリで足止めを喰っています。」
過去における未来の行為ですから，条件法過去を用います。

練習 7

È improbabile che gli indici di Borsa _____ in rialzo in questa settimana.
- (a) saranno
- (b) sono
- (c) sarebbero
- (d) siano

解答 (d) 「今週中に株価が上がるというのは，ありそうもないことだ。」
essere improbabile の導く従属節のなかでは，必ず接続法が用いられます。

練習 8

Complimenti ! Sapevo che tu _____.
- (a) ce l'avresti fatta
- (b) ce l'abbia fatta
- (c) ce la farai
- (d) ce la faresti

解答 (a) 「おめでとう。君が成功することはわかっていたよ。」
従属節の行為は，主節の行為よりも時間的に後ですから，条件法過去を用います。なお，farcela は「成功する」を意味します。よく使われる熟語です。cf. Ce l'ho fatta !（やったぞ）

練習 9

Dici che non dovevo dirgli la verità ? Ma anche tu sai che _____ ragione io.

(a) abbia avuto　(b) avevo　　　(c) abbia　　　(d) avessi

解答　(b)「君は，私が彼に真実を言うべきではなかったと言うのか？ でも，君も私が正しかったことを知っているだろう。」
72ページ①参照。

練習10

Mentre _____ di riposare, il mio vicino di casa ha acceso lo stereo a volume altissimo.

(a) cerco
(b) cercavo
(c) avevo cercato
(d) cercando

解答　(b)「私が寝ようとしていたら，隣の人はボリュームをいっぱいにしてステレオの電源を入れた。」
主節は近過去が用いられていますから，mentre の導く節において動詞は半過去になります。75ページ①参照。

練習11

_____ a scuola, ho incontrato il professore.

(a) Andavo
(b) Andante
(c) Avendo andato
(d) Andando

解答　(d)「学校に行く途中，私は先生に会いました。」
接続詞 mentre がないので，Andavo は不可です。Avendo andato は助動詞が間違っています。75ページ①参照。

練習12

Dopo _____ la città di Troia, i Greci la incendiarono e massacrarono molti troiani.

(a) avendo invaso
(b) hanno invaso
(c) aver invaso
(d) invadendo

解答 (c) 「トロイアの町を侵攻するやいなや，ギリシャ軍は町を焼き払い，多くの市民たちを虐殺した。」
Dopo の後に che がありませんから，完了不定詞を使って表現することになります。なお，この文は，Dopo che ebbero invaso la città di Troia, i Greci la incendiarono e massacrarono molti troiani. と書きかえることもできます。

練習13
Dopo che _____ buio, la perquisizione è stata sospesa.
 (a) ha fatto (b) era
 (c) si era fatto (d) si fu fatto

解答 (c) 「暗くなり，捜索は打ち切られた。」
farsi buio で「暗くなる」の意味になります。再帰代名詞が必要なので，(a)と(b)は除外されます。主節において近過去が用いられているので，従属節では前過去は使えません。41ページ参照。

練習14
_____ lavoro, mi sposerò.
 (a) Avendo trovata (b) Trovato
 (c) Aver trovato (d) Avrò trovato

解答 (b) 「仕事が見つかったら，彼女と結婚します。」
(a)は助動詞の語尾が間違っています。(c)は dopo, (d)は dopo che が必要です。

練習15
Prima che il primo ministro _____ in Corea del Nord, i giornalisti lo hanno intervistato.
 (a) andasse (b) è andato (c) sia andato (d) vada

解答 (a)「首相が北朝鮮に出かける前，記者たちは彼にインタビューした。」
従属節の行為は，主節よりも時間的に後なので接続法を用います。この場合主節の動詞は過去時制なので，接続法半過去を用います。

練習16

Gli abitanti non sono ritornati nelle loro case finché l'attività vulcanica non _____.

(a) finisse　　(b) è finita　　(c) sia finito　　(d) finisca

解答 (b)「住民たちは，火山活動が終息するまで家に帰ることはなかった。」
与えられた文は，Gli abitanti sono ritornati a casa solo dopo che l'attività vulcanica è finita. (住民たちが帰宅したのは，ようやく火山活動が終息した後だった) と同義です。例外もありますが，finché ... non が過去時制を主節で用いるときは，直説法を用いることが多いのです (接続法を従える場合もあります)。なお (c) は過去分詞の語尾が間違っています。

練習17

_____ a Roma, mi sono recata al Ministero degli Affari Esteri.

(a) Arrivata　　(b) Essendo arrivato
(c) Arrivando　　(d) Essere arrivata

解答 (a)「ローマに着くと，私は外務省に出頭した。」
主節の過去分詞から「私」は女性であることがわかります。主節の行為に先行する行為を表すとき，自動詞の過去分詞を使って表現することができます。76ページ②参照。

練習18

Leonardo mi scriverà un'e-mail prima di _____.

(a) partirà　　(b) partendo　　(c) partisse　　(d) partire

解答 (d)「レオナルドは，出発前に私に電子メールを書いてくるだろう。」
partire の意味上の主語は，主節の動詞の主語 Leonardo です。77
ページ③参照。

練習19

Dopo che Nerone ebbe saputo che Galba ＿＿＿＿ in Spagna, venne meno e cadde come fosse morto.
　(a) ha cominciato la rivolta　　(b) aveva cominciato la rivolta
　(c) ebbe cominciato la rivolta　(d) avesse cominciato la rivolta

解答 (b)「ガルバがスペインで反乱の口火を切ったことを知ると，ネロは気絶し，死んだように倒れ込んだ。」
「従属節のなかの従属節」の時制が問題になっています。「ガルバが反乱の口火を切った」のはネロがそのことを知る前の行為ですから，過去の過去である大過去を用います。接続法にはなりません。また，前過去も使えません。前過去が使用できる条件については，40〜41 ページを参照してください。

練習20

X : Ieri il signor Bruni ha detto che mi ＿＿＿＿ stamani.
　(a) avrebbe telefonato　　(b) telefonerebbe
　(c) telefoni　　　　　　　(d) telefonerà

Y : Ma sono già le due del pomeriggio. Mi sembra che ＿＿＿＿.
　(a) se ne fosse dimenticato　　(b) se ne sarebbe dimenticato
　(c) se ne sia dimenticato　　　(d) se ne dimenticasse

解答 (a) / (c)「昨日ブルーニさんは，今朝電話をかけると言いましたが。」
「でももう午後の２時ですよ。忘れたのだと思います。」
もう午後に入っているので，会話の時点からみて「今朝電話する」は過去に属します。したがって，X の空欄は過去における未来ということになり，条件法過去を使います。一方 Y の空欄は過去に関する推量ですから，接続法過去になります。

第 8 章　文法総合問題

この章では，検定試験の文法問題で頻出の分野を取り上げます。1～7章では扱わなかった文法事項も含め，文法のおさらいをしておきましょう。

動詞の法や時制に関する問題

練習 1

Ho telefonato a Carla, prima che ＿＿＿＿＿＿ di casa.
　(a) uscirà　　(b) sarebbe uscita　　(c) sarà uscita　　(d) uscisse

解答　(d)　「カルラが出かける前に，私は彼女に電話した。」
　　　　prima che の導く節のなかでは，接続法を用います。ここでは，主節が過去時制ですから，接続法半過去です。

練習 2

Il tempo è molto nuvoloso. Vorrei tornare a casa prima ＿＿＿＿＿＿.
　(a) che piove　　(b) che piova　　(c) che piovesse　　(d) di piovere

解答　(b)　「ずいぶん雲が出ていますね。雨が降り出す前に，家に帰れればよいのですが。」
　　　　prima che の導く節ですから，接続法が用いられます。「家に帰れればよい」というのは，現時点での話ですから，接続法現在にして構いません。

練習 3

Si diceva che il manoscritto ＿＿＿＿＿＿ durante la guerra, ma lo hanno scoperto nella biblioteca di un monastero.

(a) è stato distrutto dal fuoco　(b) fosse distrutto dal fuoco
(c) era distrutto dal fuoco　(d) fosse stato distrutto dal fuoco

解答　(d)「写本は戦争中に焼失したと言われていたが，それはとある修道院の図書館で発見された。」
si dice che（もしくは dicono che）... は「…という噂だ」という意味ですが，噂を話者が事実と認めていれば，直説法を用います。これに対し，事実とは認めないのであれば，接続法になります。この設問では「それはとある修道院の図書館で発見された」という叙述が続きますから，話者は噂を事実とは認めていないことになります。そこで，接続法を使うことになりますが，主節が半過去で，従属節の動詞は主節に先行しますから，接続法大過去 fosse stato distrutto dal fuoco が正解です。

練習 4

Non dobbiamo perdere questa occasione, perciò vorrei che tu _____ più attento dell'altra volta.
　(a) stessi　(b) stia　(c) stare　(d) stai

解答　(a)「我々は，この機会を逃すわけにはいかないよ。君が前回よりも注意深くあってくれればよいのだが。」
74ページ④参照。

練習 5

Sarebbe meglio che tu non _____ con questa nebbia.
　(a) guidassi　(b) guidi　(c) guida　(d) guiderai

解答　(a)「あなたはこの霧のなかを運転しない方がよいでしょう。」
主節は条件法現在が用いられていますから，接続法の半過去または大過去が入るはずです。選択肢を見ると，guidassi があてはまります。

練習 6

Vorrei sposare un uomo che _____ il mio senso dei valori.

(a) condivida　　　　　　(b) condivido
(c) condividi　　　　　　(d) avrebbe condiviso

解答 ▎(a)「私は，同じ価値観を持っている男性と結婚できればよいと思います。」
「同じ価値観を持っている」というのは，特定のある人物を想定しているわけではなく，結婚の条件としてあがっています。したがって，関係詞節のなかでは接続法を用います。

練習7

È vero che tuo padre ＿＿＿＿ deputato ?
　(a) sia　　　(b) fosse　　　(c) sarebbe　　　(d) è

解答 ▎(d)「君のお父さんが下院議員だというのは，本当なのかい？」
vero の導く節のなかでは，動詞は必ず直説法です。設問のように疑問文であっても接続法は使いません。否定文の場合は，直説法，接続法のどちらも可能です。Non è vero che suo padre è（もしくは sia）deputato.（彼のお父さんが下院議員というのは本当ではない）
接続法を使う場合はお馴染みでも，接続法を決して使わない場合というのは盲点になります。今後この手の出題が予想されますので，要注意です。

練習8

Sono incerto su che cosa regalare a Leonardo. Dimmi, che cosa gli ＿＿＿＿ al mio posto ?
　(a) regaleresti　(b) avresti regalato　(c) regalassi　(d) avessi regalato

解答 ▎(a)「僕は，レオナルドに何をプレゼントすべきかわからない。君が僕の立場だったら何を贈るだろう，教えてくれないか？」
現在における事実に反する仮定（「僕の立場だったら」al mio posto）に基づく叙述ということになり，条件法現在を用います。

練習9

Secondo fonti ben informate, un centinaio di persone ＿＿＿＿ nel villaggio la settimana scorsa.
　(a) fosse massacrato　　　　(b) fosse stato massacrato
　(c) sarebbe massacrato　　　(d) sarebbe stato massacrato

解答　(d)　「消息筋によれば，100人もの人々が先週あの村で虐殺されたそうだ。」
　　　これは伝聞推定の条件法です。過去の出来事（la settimana scorsa）を問題にしていますから，条件法過去になります。63ページ「条件法の用法」参照。

練習10

Se io non ＿＿＿＿ seriamente per l'esame, non ＿＿＿＿.
　(a) mi preparassi/l'avrei superato　　(b) mi fossi preparato/l'avrei superato
　(c) mi preparerei/l'avessi superato　　(d) mi sarei preparato/l'avessi superato

解答　(b)　「もし私が長い間試験勉強をすることがなかったら，合格しなかっただろう。」
　　　これは，過去の事実に反する仮定で，帰結節が条件法過去になるタイプのものです。65ページ「事実に反する仮定文」参照。

練習11

Credevo che ＿＿＿＿ anche Giulia, ma non la vedo.
　(a) verrà　　(b) verrebbe　　(c) sarebbe venuta　　(d) viene

解答　(c)　「私はジュリアも来ると思っていましたが，彼女の姿は見えませんね。」
　　　主節が credere の過去時制ですから，従属節の動詞として考えられるのは，接続法大過去（主節と比べ時間的に前），半過去（主節と同時），もしくは条件法過去（主節より後＝過去未来）です。こう考えて，(c)に絞り込みます。

8 文法総合問題

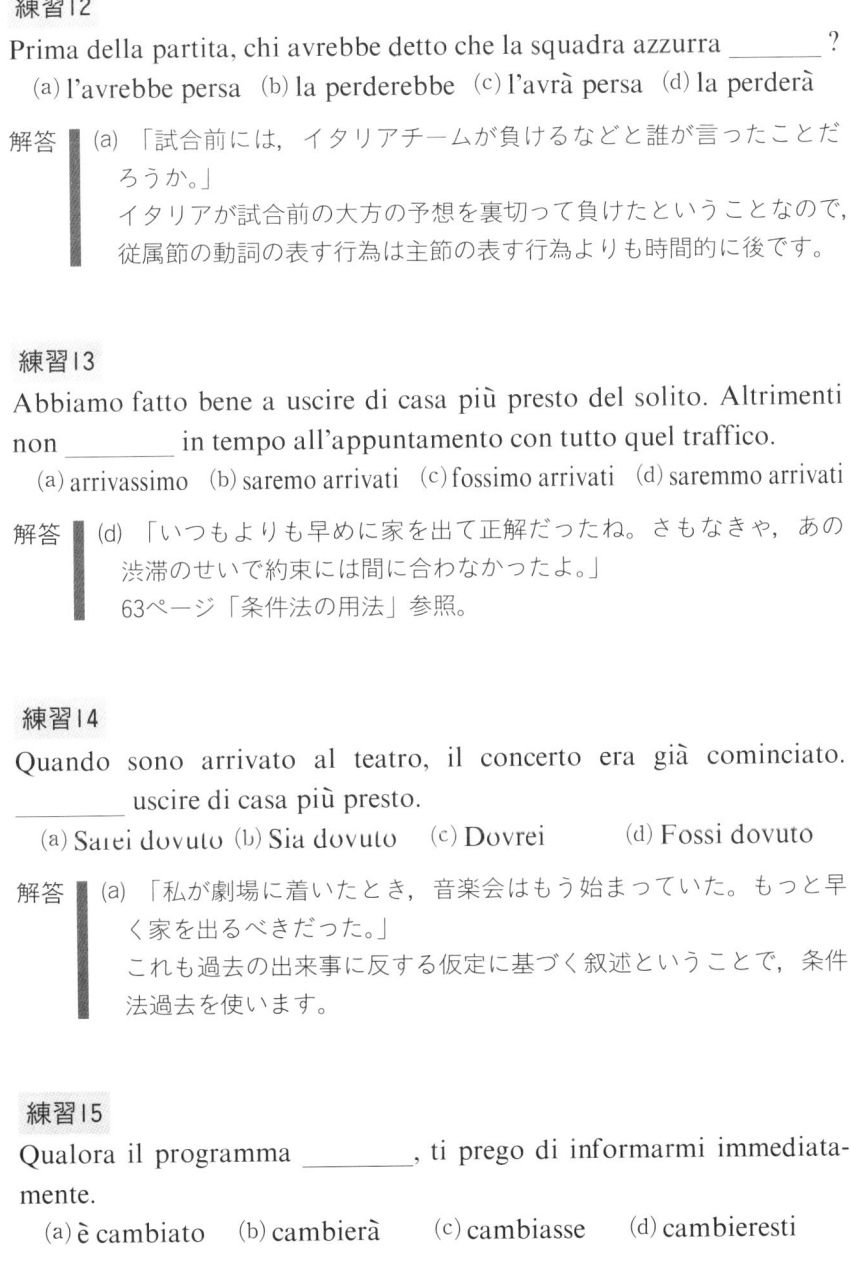

練習12

Prima della partita, chi avrebbe detto che la squadra azzurra _____ ?
　(a) l'avrebbe persa　(b) la perderebbe　(c) l'avrà persa　(d) la perderà

解答　(a)　「試合前には，イタリアチームが負けるなどと誰が言ったことだろうか。」
　　　イタリアが試合前の大方の予想を裏切って負けたということなので，従属節の動詞の表す行為は主節の表す行為よりも時間的に後です。

練習13

Abbiamo fatto bene a uscire di casa più presto del solito. Altrimenti non _____ in tempo all'appuntamento con tutto quel traffico.
　(a) arrivassimo　(b) saremo arrivati　(c) fossimo arrivati　(d) saremmo arrivati

解答　(d)　「いつもよりも早めに家を出て正解だったね。さもなきゃ，あの渋滞のせいで約束には間に合わなかったよ。」
　　　63ページ「条件法の用法」参照。

練習14

Quando sono arrivato al teatro, il concerto era già cominciato. _____ uscire di casa più presto.
　(a) Sarei dovuto　(b) Sia dovuto　(c) Dovrei　(d) Fossi dovuto

解答　(a)　「私が劇場に着いたとき，音楽会はもう始まっていた。もっと早く家を出るべきだった。」
　　　これも過去の出来事に反する仮定に基づく叙述ということで，条件法過去を使います。

練習15

Qualora il programma _____ , ti prego di informarmi immediatamente.
　(a) è cambiato　(b) cambierà　(c) cambiasse　(d) cambieresti

解答　(c)「もし万一，計画を変更する場合は，僕にすみやかに教えてくれ。」
qualora は se mai とか se avvenisse che の意味に相当する接続詞であり，接続法現在の他，現在の事実に反する条件節と同じように，接続法半過去が用いられることがあります。qualora 以下で述べられることは，現実に反する想定ではなくとも，実現の可能性はわずかな事柄です。帰結節は条件法にする必要はなく，しばしば命令法や直説法になります。

練習16

Nell'eventualità che _____ la Sua prenotazione, La preghiamo di avvertirci entro il giorno prima.
　(a) annullasse　　(b) annulla　　(c) annullerà　　(d) annullerebbe

解答　(a)「もし万一，予約を取り消す場合は，前日までにご連絡くださるようお願いいたします。」
qualora 同様，nell'eventualità che 以下では，接続法現在の他，接続法半過去が用いられることがあります。この他，se per caso や caso mai も接続法半過去と用い，「万一…の場合は」の意味になります。

練習17

La tua segretaria ci ha detto che tu in quel momento _____ occupato, ma che ci avresti ricevuto una mezz'ora più tardi.
　(a) eri　　　　(b) fossi　　　(c) sei stato　　(d) sarebbe stato

解答　(a)「君の秘書は今君は忙しくしているが，30分後には私たちに会うだろうと言った。」
秘書が「私たちに言った」時点で，「君が忙しくしている」わけですから従属節は直説法半過去になります。

練習18

Dopo aver visto che tutti gli studenti _____, l'insegnante è tornato

a casa.
    (a) se ne sono già andati   (b) se ne siano già andati
    (c) se n'erano già andati   (d) se ne furono già andati

解答　(c)　「先生は生徒たちが皆出たのを見届けると，家に帰った。」
aver visto は過去の行為を表し，che 以下の動詞は過去の過去ということで，大過去になります。

練習19

Ieri ho letto qualche pagina di *Senilità* di Svevo che non _____ da molti anni.

    (a) leggevo   (b) avevo letto   (c) ho letto   (d) leggessi

解答　(a)　「昨日私は，長年読んでいなかったズヴェーヴォの『老境』を，何ページか読んだ。」
現在の継続的な行為は現在を用いるのに対し，過去における継続的な行為（「長年読んでいなかった」）は半過去を用います。過去の過去と考えて大過去にしないように，注意してください。

練習20

Paolo ha detto che Maria _____ il giorno prima.

    (a) partiva   (b) è partita   (c) era partita   (d) partisse

解答　(c)　「マリーアは前日に旅立ったとパオロは言った。」
il giorno prima は「パオロが言った」時点から見て過去ですから，過去の過去に完了した行為ということで大過去です。接続法にする必要はありません。

練習21

Paola ha detto che lo spettacolo _____ verso mezzanotte. Sono andato a prenderla in macchina e sono arrivato al teatro verso mezzanotte meno un quarto, ma lei non c'era già più.

    (a) avrà terminato   (b) avrebbe terminato

(c) sarebbe terminato　　　　(d) si sarebbe terminato

解答　(c)「パオラは，芝居は12時頃終わると言った。彼女を車で迎えるために，12時15分前に劇場に着いた。だが，そこにはもうすでにいなかった。」
これは過去から見た未来ですから，条件法過去を使います。terminare は「終わる」の意味で自動詞として用いられた場合，助動詞は essere です。

練習22

Giacomo mi ha detto che adesso ＿＿＿＿＿ qui. Credevo che ＿＿＿＿＿ ancora a Bologna.
　(a) abitavi / abiti　　　　(b) abiti / abitassi
　(c) abitassi / abitassi　　(d) hai abitato / abiti

解答　(b)「ジャコモが，君はここに住んでいると言った。僕は君がボローニャにまだ住んでいると思っていたよ。」
この場合，実際に「君」と呼ばれている人が現在「ここ」に住んでおり，それを話者は確認しているわけですから，Giacomo mi ha detto の導く節では，「時制の一致の法則」から外れ，現在形が用いられます。一方，Credevo の導く節では，接続法半過去が用いられます。

練習23

＿＿＿＿＿ a Siena quando ho cominciato ad insegnare giapponese all'università.
　(a) Da tre anni che abitavo　　(b) Sono stati tre anni che abitavo
　(c) Erano tre anni che abitavo　(d) Erano stati tre anni che abitavo

解答　(c)「私が日本語を大学で教えるようになったのは，シエーナに住んで3年たっていたときでした。」
「シエーナに住んで3年になる」という現時点におけるある行為の時間的継続を表す場合，現在を用い，Sono tre anni che abito a Siena.（または Abito a Siena da tre anni.）と言います。これを，

過去の時点(日本語を大学で教えるようになったとき)に移すと，未完了時制である半過去を用います。このような場合，完了時制は使いませんので，(b)や(d)はあてはまりません。(a)はcheが不要です。

補語人称代名詞，小詞（ciとne）など

練習 1

Dovevo comprare il caffè, ma _____ sono dimenticato.
　(a) mi　　　(b) me ne　　　(c) ne me　　　(d) ne

解答　(b)「私はコーヒーを買わなければならなかったが，そうするのを忘れてしまった。」
dimenticarsidi＋不定詞(...)で「…することを忘れる」の意味になります。ここでは di comprare il caffè を ne で受け，再帰代名詞と組み合わせください。語順および再帰代名詞 mi が me になることに注意してください。

練習 2

Finalmente sono riuscito a rivedere Marco. _____ molto felice.
　(a) C'ero　　　(b) Ne ero　　　(c) Gli ero　　　(d) Mi ero

解答　(b)「ついに，マルコと再会することができた。私はそのことがとても嬉しかった。」
essere felice di ... で「…が嬉しい」の意味になります。ここでは Ero molto felice **di esser riuscito a rivedere Marco**. と言うつもりで，太字部分を ne によって置き換えています。

練習 3

Federica era molto simpatica ed era una delle mie migliori amiche.
_____ chiamava Fede o Federì.
　(a) La si　　　(b) Gliela　　　(c) Se ne　　　(d) Se la

解答 (a) 「フェデリーカはとても感じのよい人で，私の親友の一人でした。人は彼女を，フェーデとかフェデリと呼んでいました。」
非人称の si を用いる場合は，直接補語人称代名詞の la を si の前に置きます（32ページ参照）。

練習 4

Con questo buio non _____ vedo niente. Accendi la luce, per favore.
(a) lo　　　　(b) mi　　　　(c) ne　　　　(d) ci

解答 (d) 「この暗闇のなかでは全然見えません。明かりを点けてください。」
この文例での ci は冗語と呼ばれます。とくに何かを指示するわけではないのですが，ある特定の状況において，知覚し得るか否かを問題にする場合に使われます。vederci（見える），sentirci（聞こえる）などが代表例です。

— Ci senti da lì?　（そこにいて聞こえる?）
— No, non ci sento bene.　（いいえ，よく聞こえません）

詳しい文法解説は，『イタリア語検定 3 級突破』の第 2 章を参照してください。

練習 5

X : Oggi ho visto Luca in piazza Maggiore. Era proprio lui. _____ sono sicuro.
(a) Ce　　　　(b) Vi　　　　(c) Ci　　　　(d) Ne
Y : Impossibile ! Non _____ credo. Dovrebbe essere già a New York.
(a) lo　　　　(b) ci　　　　(c) ne　　　　(d) vi

解答 (d) / (b) 「今日マッジョーレ広場でルーカを見たよ。まさに彼だった。僕はそのことを確信している。」「まさか。信じられないな。彼はもうニューヨークにいるはずだけれど。」
essere sicuro di ... は「…について確信を持つ」の意味になります。ここでは di aver visto Luca を ne で受けています。また，credere a ... で「…を信じる」の意味になりますが，ここでは a ... の

部分が ci で置き換えられます。

練習 6

Durante il volo ho cercato di dormire. Ma non ＿＿＿＿ sono riuscito.
　(a) ne　　　　(b) ci　　　　(c) me ne　　　　(d) mi ci

解答　(b)「フライトのあいだ，私は眠ろうとした。しかし，眠れなかった。」
　　　 riuscire a ＋不定詞(...)で「…することができる」の意味ですが，ここでは non sono riuscito a dormire と言うつもりで，a dormire を ci で置き換えています。

練習 7

X : Chi prenota le camere ?
Y : ＿＿＿＿ penso io.
　(a) Lo　　　　(b) Ne　　　　(c) Vi　　　　(d) Ci

解答　(d)「誰が部屋を予約してくれますか？」「私がやりますよ。」
　　　 Ci penso io. は「私がします，私に任せてください」の意味で，よく会話で使われます。この形で憶えてください。

練習 8

X : Matteo vi ha parlato del suo ultimo viaggio a Roma ?
Y : Sì, ＿＿＿＿ ha parlato ieri.
　(a) ce ne　　　(b) ne ce　　　(c) ne ci　　　(d) ci ne

解答　(a)「マッテーオは，君たちにこのあいだのローマ旅行について話しましたか？」「ええ，それについては昨日私たちに話しました。」
　　　 ci（間接補語人称代名詞）と ne との組み合わせの問題です。これは ci を先に置いて ce ne となるのでした。

練習 9

X : Quanti film di Rossellini hai visto finora ?

Y : _____ ho visti soltanto due, "Viaggio in Italia" e "Il generale Della Rovere".

　　(a) Ci　　　　(b) Ne　　　　(c) Vi　　　　(d) Li

解答　(b)　「君，ロッセリーニの映画はこれまで何本見ましたか？」「『イタリア旅行』と『ロベレ将軍』の２本だけです。」
　　　これは基本的な問題です。数量を答えるときに使う ne です。

練習10

X : Carla sa a che ora e dove abbiamo l'appuntamento ?
Y : Sì, _____ già detto.

　　(a) le ne ho　　(b) ne l'ho　　(c) gliel'ho　　(d) gliene ho

解答　(c)　「カルラは私たちが何時にどこで待ち合わせするのか知っているかしら？」「うん，僕がもうそのことは彼女に話しておいたよ。」
　　　これは練習 8 の類題ですが，間接補語 le(彼女に)と中性代名詞 lo(それ)を組み合わせると，glielo となります。

練習11

Devo essere in aeroporto domani mattina alle sei. _____ accompagni tu ?

　　(a) Me ci　　　(b) Mi ci　　　(c) Ci mi　　　(d) Ce mi

解答　(b)　「明日の朝 6 時に，空港に行かなきゃならない。君，私を送ってくれるかな？」

in aeroporto は ci で置き換えられますが，「(そこまで)私を」と直接補語 mi と組み合わせると，mi ci となります。補語人称代名詞，小詞を２つ用いる場合，原則的には次のような順番になります。

(L. Renzi, G. Salvi e A. Cardinaletti, *Grande grammatica italiana di consultazione*, nuova ed., t. 1, Bologna, Il Mulino, 2001, p. 603)

1. mi　　　　　　　　2. gli, le (間接補語)　3. vi
4. ti　　　　　　　　5. ci　　　　　　　　6. si (再帰代名詞)
7. lo, la, li, le (直接補語)　8. si (非人称代名詞)　9. ne

8 文法総合問題

練習12

Gli studenti ci hanno chiesto di parlare sulla situazione in Medio Oriente ; ＿＿＿＿ faremo domattina.

 (a) lo   (b) ne   (c) ci   (d) gli

解答 (a)　「学生たちは私たちに中東情勢について話すことを求め，明朝そうすることになっている。」

機械的に di parlare ... を指しているから，(b)を選ぶということがないように注意してください。ここでは parlare という動詞を繰り返すかわりに，lo faremo と言っているのです。

練習13

Stamattina Maria ＿＿＿＿ ha visto dipingere un ritratto.

 (a) si   (b) lui   (c) gli   (d) li

解答 (c)　「今朝マリーアは，彼が肖像画を描いているのを見た。」

これは知覚動詞の問題です。

「マリーアはレオナルドが肖像画を描いているのを見た」という場合は，

① Maria ha visto Leonardo dipingere un ritratto.

② Maria ha visto dipingere un ritratto a Leonardo.

の2通りの表現が可能です。

①②の文で Leonardo のかわりに「彼」と言う場合は，それぞれ③④のようになります。

③ Maria l'ha visto dipingere un ritratto.

④ Maria gli ha visto dipingere un ritratto.

④がこの例文ということになります。a Leonardo を受けるので，間接補語 gli が用いられています。

練習14

Susanna era professoressa universitaria e anche sua figlia ＿＿＿＿ è

diventata.
   (a) ne   (b) si   (c) la   (d) lo

解答 (d) 「スザンナは大学教授であったが，彼女の娘もそうなった。」
性・数とは関係なく，前の文や節に現れた述語を lo で受けること
ができます。この文では，lo＝professoressa universitaria であり，
男性名詞のかわりに用いられる直接補語人称代名詞とは異なります。
la にはなりませんので注意してください。

練習15

L'ultima volta che sono andato a Roma, mi ＿＿＿＿ quindici ore.
   (a) ci sono volute   (b) ci ho voluto   (c) ci sono voluto   (d) ci hanno voluto

解答 (a) 「前回私がローマに行ったとき，15時間かかった。」
volerci ...（…を要する，費やす）は，複合時制では essere を助動詞とし
て用います。
cf. Ci sono voluti duemila euro per viaggiare in Italia.（イタリアを
旅行するのに2000ユーロかかった）

練習16

Questo libro è un regalo che ho ricevuto dal mio professore. ＿＿＿＿
tengo molto. Trattalo con cura, mi raccomando !
   (a) Lo   (b) Ne   (c) Ci   (d) La

解答 (c) 「この本は先生からの贈り物だ。とても大事にしているんだ。お
願いだから，注意して扱ってくれよ。」
tenere a ... で「…を大事にする，重視する」の意味になります。こ
こでは，Tengo molto **al libro**. のつもりで，太字部分を ci に置き
換えています。

練習17

X : Ti sei mangiato tutti gli spaghetti ?
Y : Sì, ＿＿＿＿ ! Erano ottimi.

(a) me li sono mangiati (b) li mi sono mangiati
(c) me li sono mangiato (d) li mi sono mangiato

解答 (a)「君，そのスパゲッティを全部食べたの？」「うん，僕はそれを食べた。とても美味しかった。」
再帰代名詞は間接補語として用いられ，直接補語となるのは gli spaghetti です。このとき，過去分詞は必ず直接補語の性・数に合わせます。(b) は，間接補語と直接補語の順序が逆です。
ne を使って答えるような場合には，次のようになります。

Per preparare quell'esame ci vogliono parecchi libri, ma per il momento me ne sono procurata/i soltanto due.
(その試験の準備のためには，かなりの本が必要ですが，今のところまだ2冊しか手に入れていません)

過去分詞の性・数は主語(この場合は女性単数)に合わせてもよいし，直接補語(この場合は男性複数)に合わせてもよいです。しかし，直接補語に合わせる方が多いようです。

練習18
La signora Sato _____ .
(a) me gli ha presentato (b) gli mi ha presentato
(c) mi lo ha presentato   (d) mi ha presentato a lui

解答 (d)「佐藤夫人は，私を彼に紹介してくれました。」
1人称または2人称が直接補語で，3人称単数の間接補語が用いられる場合，間接補語は強勢形で表します。なお，(c) で mi のかわりに me が用いられれば，文法的には正しく，「佐藤夫人は私に彼を紹介した」の意味になります。

練習19
X : Chi ti ha suggerito di comprare questo computer ?
Y : _____ ha suggerito Anna.
(a) Me n'   (b) Me l'   (c) Men'   (d) Mi l'

解答 (b)「誰が君にこのコンピューターを買うようにすすめたの？」「僕にそれをすすめたのはアンナだよ。」
suggerire は他動詞であり，suggerire a 人 di ＋不定詞という構文では，di ＋不定詞の部分が直接補語となります。したがってここを受けるときは，ne ではなく lo になります。以下の文も参考にしてください。

Temo di essere bocciato. / Temo la bocciatura.
（私は落とされることを恐れている）
― Chi teme di essere bocciato？（誰が落とされることを恐れているのですか？）
― Lo temo io.（それを恐れているのは私です）

練習20

Si _____ i signori viaggiatori che il treno sta arrivando alla stazione di Firenze Santa Maria Novella.
　(a) informano　(b) informi　(c) sono informati　(d) è informati

解答 (a)「お知らせいたします。この電車はまもなくフィレンツェ・サンタ・マリア・ノヴェッラ駅に到着します。」
これは受け身の si であり，動詞 informare を i signori viaggiatori に合わせて，3人称複数にします。

前置詞

練習1

Dopo aver preso il caffè, vorrei _____ acqua.
　(a) un po' dell'　(b) un po' d'　(c) poco d'　(d) un pochino

解答 (b)「コーヒーを飲んだ後は，水が欲しい。」
un po' や un pochino は名詞的に「少量」の意味で使われており，acqua とのあいだに前置詞 di が必要です。

8 文法総合問題

練習 2

Sei sicuro che a Mario non sia successo niente ? C'è _____ nel suo comportamento : sembra sempre che stia pensando ad altro.

　(a) qualcosa strana　　　　(b) qualcosa strano
　(c) qualcosa di strano　　　(d) qualcosa di strana

解答　(c)　「マリオの奴何かあったんじゃないか？　何か行動が変だよ。心ここにあらずといった感じだね。」
　　　qualcosa を形容詞とともに用いるときは，di をあいだにはさみ，形容詞は男性単数形です。

練習 3

Se avete fame, vi porto qualcosa _____ mangiare.

　(a) per　　(b) da　　(c) di　　(d) a

解答　(b)　「もし君たちがお腹を空かしているならば，何か食べ物を持ってくるよ。」
　　　da＋不定詞で「…するためのもの」の意味になります。

練習 4

Devo consegnare la tesi _____ fine del mese, altrimenti non posso laurearmi quest'anno.

　(a) fino alla　　(b) entro la　　(c) nella　　(d) fino al

解答　(b)　「私は論文を今月終わりまでに提出しなくてはならない。さもないと今年は卒業できないことになる。」
　　　fino a ... は「…まで（ずっと）」の意味になります。期限の意味「…までには」を表すものとして，entro が適切です。

練習 5

Secondo il sondaggio soltanto due italiani _____ dieci approvano il piano del governo.

(a) di　　　　　(b) delle　　　　(c) a　　　　　(d) su

解答　(d)「アンケート調査によれば，イタリア人の10人中2人しか政府の方針を認めていない。」
　　　　数詞のA，Bを用いて A su B と言うと「B中A」の意味になります。

練習6

Preferirei non uscire _____ questa pioggia.
　(a) con　　　　(b) per　　　　(c) fra　　　　(d) in

解答　(a)「こんなに雨が降っているので，どちらかといえば出かけたくはないのですが。」
　　　　con は理由ないし状況を表します。

練習7

Stanotte ho dormito poco. Muoio _____ sonno.
　(a) con il　　　(b) da　　　　(c) di　　　　(d) per il

解答　(c)「昨日の晩は少ししか眠らなかった。眠くて死にそうだ。」
　　　morire は，「死ぬほどつらい」という誇張的な表現であり，di は苦しみの原因を表します（cf. morire di fame［空腹で死にそうである］）。もちろん死因を表すときにも，di を用います。morire di malattia（病気で死ぬ），morire di cancro（ガンで死ぬ），morire di vecchiaia（老衰で死ぬ）。なお，muoio dal sonno とも言います。

練習8

Oggi nevica e la temperatura è scesa sotto zero. Fa _____ .
　(a) un freddo cane　(b) freddo di cane　(c) il freddo cane　(d) il freddo da cane

解説　(a)「今日は雪が降り，気温は氷点下を下回った。とても寒い。」
　　　Fa un freddo cane. は決まった言い方です。

練習9

Il professore sembra molto giovane. Ma dato che ha preso il dottorato circa 25 anni fa, avrà _____ cinquant'anni.

 (a) dei   (b) sopra   (c) sui   (d) intorno

解答 (c)「教授はとても若く見える。でも，今から約25年前に博士号を取得したのだから，今はおよそ50歳くらいだろう。」
年齢や金額などと su が用いられると，「およそ…」の意味です。定冠詞が付くことに注意してください。選択肢のなかにはありませんが，circa を用いてもよいです。

練習10

Laura si è laureata _____ lettere.

 (a) di   (b) in   (c) a   (d) su

解答 (b)「ラウラは文学部を卒業した（文学に関して卒業した）。」
この in は限定を表します。cf. Rosanna è molto brava in greco.
（ロザンナはギリシャ語に関して優秀だ［ギリシャ語がよくできる］）

練習11

Di solito ci vuole una giornata per finire questo lavoro. Ma Paolo l'ha fatto in un'oretta, _____ fatica.

 (a) a   (b) per   (c) con   (d) senza

解答 (d)「通常，この仕事を終えるには，1日かかる。しかしパオロは小1時間で苦もなくやり遂げた。」
a fatica もしくは con fatica という熟語もありますが，これは「やっとのことで」という意味ですから，文脈には合いません。

練習12

Quando si tiene il motor show, quasi tutti gli alberghi di Bologna sono _____ completo.

(a) per　　　　(b) nel　　　　(c) di　　　　(d) al

解答　(d)「ボローニャでモーターショーがあるときは，ほとんどのホテルが満室になる。」
essere al completo で「満員である」の意味です。この形で憶えてしまいましょう。

練習13

A me non piace molto la camicia in tinta unita. Preferirei quella ＿＿＿＿ strisce.

(a) a　　　　(b) da　　　　(c) di　　　　(d) su

解答　(a)「私はその無地のワイシャツがあまり好きではない。ストライプの入った方が好きだ。」
... in tinta unita は「無地の…」という決まり文句です。camicia a strisce で「ストライプの入ったワイシャツ」という意味になり，この場合のaは性質，特徴，状態を表す用法です。cf. quaderno a righe, quaderno a quadretti（罫線入りノート，方眼ノート）

練習14

X : Dove hai trovato questa scatola ＿＿＿＿ cartone ?
(a) da　　　　(b) in　　　　(c) di　　　　(d) a
Y : L'ho trovata ＿＿＿＿ supermercato.
(a) nel　　　　(b) in　　　　(c) al　　　　(d) a

解説　(c) / (c)「君はこのダンボール箱をどこで見つけたの？」「スーパーマーケットで見つけたんだ。」
素材や物質を表す場合には di を用います。cf. una casa di legno（木造の家），un maglione di pura lana（純毛のセーター），una cravatta di seta（絹のネクタイ），ecc.
「スーパーで」は al supermercato と言います。cf. passare al supermercato（スーパーに寄る），fare la spesa al supermercato（スーパーで買い物をする）。mercato についても同様で，「市場で」および「市場へ」は al mercato となります。

練習15

La carta ___(A)___ pacchi si vende ___(B)___ cartoleria.

(A)
(a) da　　　　(b) di　　　　(c) per　　　　(d) a

(B)
(a) a　　　　(b) da　　　　(c) in　　　　(d) nella

解答　(A)—(a) / (B)—(c) 「小包用の紙は，文房具店で売っています。」
(A) ここでは，da は用途や目的を表します。cf. carta da lettere (便箋)，carta da imballaggio (包装紙)
(B) -eria で終わる店などを表す名詞について，「…へ」あるいは「…で」と言う場合，前置詞は in になります。冠詞は付きません。Andiamo in gelateria [bigiotteria, libreria, pasticceria, pizzeria, tabaccheria]. (私たちは，アイスクリーム屋へ[宝石店へ，書店へ，お菓子屋へ，ピザ屋へ，タバコ屋へ]行く)
-aio (a), -tore (trice), -iere (a), -ista で終わる人を表す名詞について，「…へ」あるいは「…に」と言う場合，前置詞は da で定冠詞が付きます。Vado dal tabaccaio [direttore, parrucchiere, dentista]. (私はタバコ屋へ[部長のところへ，美容院へ，歯医者へ]行く)

練習16

Caro Giuseppe,

___(A)___ sono arrivato a Roma. ___(B)___ sono venuto in Sicilia. Oggi sono a Catania. ___(C)___ andrò a trovare i miei nonni ad Enna e poi tornerò a Catania. Rientrerò a Roma il giorno 20, ma ___(D)___ verrò a trovarti a Siracusa.

(A)
(a) Una settimana prima　　　(b) Prima una settimana
(c) Una settimana fa　　　　(d) Fa una settimana

(B)
(a) Due giorni dopo　　　　(b) Fra due giorni
(c) Da due giorni　　　　　(d) Per due giorni

(C)
(a) Dopo una settimana　　(b) Fra una settimana
(c) Una settimana dopo　　(d) Una settimana fra
(D)
(a) un giorno fa　　(b) il giorno fa
(c) un giorno prima　　(d) il giorno prima

解答　(A)─(c) / (B)─(a) / (C)─(b) / (D)─(d)
「親愛なるジュゼッペ
（今から）1週間前にローマに着きました。（ローマ到着後）2日後にシチリアへやって来ました。今日はカターニャにいます。（今日から）1週間後にエンナに祖父母を訪ねることになっています。彼らに会った後，カターニャに戻ります。ローマには20日に戻るけれど，（ローマに戻る）前日にシラクーザへ君に会いに行くつもりです。」
fra と dopo, fa と prima とを区別しましょう。

fra　　現在を起点として未来のある時点を問題にする場合
dopo　すでに話題に上った過去または未来のある時点を起点とし，それより後の時点を問題にする場合

fa　　現在を起点として過去のある時点を問題にする場合
prima　すでに話題に上った過去または未来のある時点を起点とし，それより前の時点を問題にする場合

なお (B) ですが，選択肢にはありませんが，Dopo due giorni と言っても構いません。

前置詞はいくら勉強しても，征服することのできない分野の一つです。練習問題は，これだけでは決して十分ではありません。日頃読んでいるイタリア語のテクストの一段落を写し，前置詞だけ全部消して，数日後にどれくらい正確にテクストを復元できるか試してみましょう。自分で問題を作り，勉強するのはなかなか楽しいことです。あるいは，仲間うちで「自信作」を出題しあうのも面白いと思います。

比較に関する問題

練習 1

È l'ora di punta. Sarebbe _____ andare in bicicletta _____ prendere il taxi.

(a) meglio / di (b) più bene / di
(c) meglio / che (d) più bene / che

解答 (c)　「今はラッシュ時間ですよ。タクシーに乗るより，自転車に乗った方がいいですよ。」
bene の比較級は，meglio です。不定詞同士が比較されていますから，「より」にあたる言葉は che になります。

練習 2

Alessandro è gentile _____.

(a) quanto tu (b) quanto te (c) come tu (d) di te

解答 (b)　「アレッサンドロは君と同じくらい親切だ。」
比較の対象となるのは，1 人称単数，2 人称単数の場合，主格ではなく，強勢形になります。

練習 3

Durante le vacanze estive sono stata a Roma, ma c'erano _____ stranieri _____ italiani.

(a) più / che (b) più / di (c) tanti / che (d) tanti / come

解答 (a)　「夏休みのあいだ，私はローマにいましたが，イタリア人より外国人の方が多かった。」
数量の比較を行う場合，di ではなく，che を用います。ただし，Sono morte più di 500 persone.（500人以上の人々が亡くなった）と言うような場合は，di を用います。この文をたとえ同等比較とみなしたとしても，tanti は che や come ではなく，quanti と組み合わされるはずです。

練習 4

Lui è più impiccione ＿＿＿＿ gentile.
　　(a) di　　　　(b) quanto　　　(c) che　　　　(d) di quanto

解答　(c)「彼は親切というよりは，お節介である。」
　　　　A，Bの2つの性質を表す形容詞を比較して，「AというよりB」
　　　　だと述べる場合，「…より」に相当する語として，che を用います。

練習 5

Sono stata in Grecia tante volte ＿＿＿＿.
　　(a) quanto tu　　(b) quante tu　　(c) come te　　(d) quante te

解答　(d)「私は，あなたと同じ回数ギリシャに行ったことがあります。」
　　　　tante volte という風に形容詞的に tanto が用いられているとき，
　　　　quanto の方も形容詞とみなし，性・数の変化をさせます。この設
　　　　問の場合，quante となりますが，その後に置かれるのは，tu では
　　　　なく te です。

練習 6

I giornali dicono che l'inflazione quest'anno è ＿＿＿＿.
　　(a) che l'anno scorso　　　　(b) quanta dell'anno scorso
　　(c) quanta l'anno scorso　　　(d) uguale l'anno scorso

解答　(c)「新聞によれば，今年のインフレ率は，昨年並みということだ。」
　　　　同等比較の文ですから，quanta を用い，比較の対象となる語句
　　　　l'anno scorso には前置詞は付けません。

練習 7

Giulia è simpatica ＿＿＿＿ Maria.
　　(a) quanta　　(b) di　　　(c) tanto　　(d) quanto

解答　(d)「ジュリアはマリーアと同じくらい感じがよい。」
　　　　これは，simpatica の前に副詞 tanto が省略されていると考えられ，

形容詞 simpatica の程度が同じであることを言い表す文です。したがって，形容詞 quanta ではなく，副詞 quanto を用います。選択肢のなかにはありませんが，come を使ってももちろん構いません。

練習8

In Giappone un numero sempre ＿＿＿＿ di persone è pensionato.
　(a) maggiore　　(b) più　　(c) di più　　(d) più molto

解答　(a)　「日本では，ますます多くの高齢者が，年金生活に入っている。」
numero の形容詞となり得るのは grande であり，その比較級ということで maggiore が正解です。

練習9

Mio padre beve in un giorno ＿＿＿＿ in una settimana.
　(a) che io　　(b) che me　　(c) quanto io　　(d) quanto me

解答　(c)　「私の父は私が1週間で飲む量を1日で飲んでしまう。」
「私」が1週間に飲む量が，「私の父」の1日に飲む量に等しいと言っているように思われる文なので，quanto を用います。また in una settimana という言葉がありますから，quanto io bevo in una settimana の省略と考えられ，quanto の後には主格 io が続きます。

練習10

Questa libreria spedisce più libri all'estero ＿＿＿＿ in Italia.
　(a) quanto　　(b) quanti　　(c) di quanti　　(d) che

解答　(d)　「この書店は，イタリアよりも外国により多くの本を送る。」
難しく考えすぎると，(c)をうっかり選びそうですが，比較しているのは前置詞の付いた語句同士ですから，「…よりも」にあたる語としては，che を用います。

練習11

Quale città italiana ti piace _____?
　(a) benissimo　　(b) di più　　(c) più　　(d) più bene

解答　(b) 「君は，どのイタリアの都市が一番好きですか？」
　　　文字通りには，「どのイタリアの都市がいっそうお気に入りですか」ということになりますが，実質的には「一番好きな都市」を尋ねていることになります。

練習12

D'inverno la temperatura qui rimane sempre inferiore _____ cinque gradi.
　(a) a　　(b) di　　(c) che　　(d) dei

解答　(a) 「冬にはここの気温は常に5度以下です。」
　　　inferiore は，basso の比較級であり，前置詞としては di ではなく，a を用います。alto の比較級，superiore も同様です。なお，定冠詞は不要です。

練習13

Luigi è più onesto _____ tu non creda.
　(a) di　　(b) quanto　　(c) di che　　(d) di quanto

解答　(d) 「ルイージは，君が思っているよりもずっと誠実です。」
　　　この場合の non は，虚辞の non です。前置詞 di の直後に「主語＋動詞」が続くことはありませんから，(a) はダメです。比較級が使われているので，di を伴わない (b) は不可です。逆に (c) は di が不要です。

練習14

Secondo me, la "Tentazione del dottor Antonio" è _____ film di Fellini.

(a) la miglior　　(b) il miglior　　(c) l'ottimo　　(d) l'ottima

解答　(b)　「私が思うに，『アントニオ博士の誘惑』はフェリーニの最高の映画である。」
ottimo は相対最上級としてではなく，絶対最上級として用いられます。したがって，La "Tentazione del dottor Antonio" è un ottimo film di Fellini. と言うことはできます。

練習15

Il Po è il fiume ＿＿＿＿＿．
- (a) il più lungo d'Italia
- (b) il più lungo all'Italia
- (c) più lungo d'Italia
- (d) più lungo all'Italia

解答　(c)　「ポー川は，イタリアでもっとも長い川です。」
相対最上級で用いるべき前置詞は di（または fra や tra）であり，a は使いません。

不定代名詞，不定形容詞など

練習1

＿＿＿＿＿ sono stati bocciati in italiano.
- (a) Qualche studenti
- (b) Alcuni studenti
- (c) Qualche studente
- (d) Alcuno studente

解答　(b)　「何人かの生徒は，イタリア語の試験で落第になった。」
qualche は意味は複数でも，単数名詞とともに用いられ，単数扱いです。動詞は3人称複数形ですから，Alcuni studenti が適切です。

練習2

La vedova, che non aveva figli, abitava ＿＿＿＿＿ sola.
- (a) tutta　　(b) tutto　　(c) di tutto　　(d) di tutta

解答　(a)　「その寡婦は，子供がなく，たった一人で暮らしていました。」

sola を強める役割を担い，意味は「すっかり，まったく」で副詞的ですが，文法的には形容詞です。そこで性・数を主語に合わせ，ここでは tutta となります。

練習 3

＿＿＿＿ sono state ferite e ora sono ricoverate in ospedale.
 (a) Tutte due le ragazze　　　(b) Tutte le due e ragazze
 (c) Tutte e due le ragazze　　(d) Tutte due e le ragazze

解答　(c)「少女は 2 人とも負傷し，病院に収容されました。」
tutto が数詞や定冠詞とともに用いられとき語順に気をつけてください。tutto，e，数詞，定冠詞，名詞の順になります。cf. tutti e cinque gli uomini（5 人の男たちすべて）

練習 4

Se fosse possibile, vorrei vedere ＿＿＿＿ Roma.
 (a) tutta la　　(b) la tutta　　(c) intera　　(d) tutta

解答　(d)「もしできれば，私はローマじゅうを見たいのですが。」
「…全体」の意味で用いられます。冠詞は不要です。しかし，intero を用いた場合は l'intera Roma となります。

練習 5

Ormai è troppo tardi. Non c'è più ＿＿＿＿ da fare.
 (a) nullo　　(b) molto　　(c) qualche　　(d) nulla

解答　(d)「もう遅すぎる。今さらどうすることもできない。」
nulla のかわりに niente を用いることもできます。nullo は形容詞で，「無効の，空しい」の意味になります。

練習 6

Oggi fa caldo da morire. Avrei proprio voglia di ＿＿＿＿.

(a) qualcosa freddo　　　　(b) qualcosa fredda
(c) qualcosa di freddo　　　(d) qualcosa di fredda

解答　(c)　「今日は暑くて死にそうだ。何か冷たいものが欲しいのだけれど。」
qualcosa を用いるときは，前置詞 di を形容詞とのあいだにはさみます。そして形容詞は，男性単数形になります。

練習 7

Quando avrò saputo _____, te _____ dirò.
(a) qualcosa di preciso / lo　　(b) qualcosa di precisa / la
(c) qualcosa preciso / lo　　　(d) qualcosa precisa / la

解答　(a)　「何か正確なことがわかったら，それを君に教えますよ。」
練習 6 でも説明しましたが，qualcosa は男性単数の名詞として扱います。補語人称代名詞も la ではなく，lo で受けます。

練習 8

Stamattina ha nevicato e i mezzi pubblici sono rimasti bloccati. Ho visto che _____ soltanto _____ in aula.
(a) c'era / qualche di studente　　(b) c'era / qualche studente
(c) c'erano / qualche di studenti　(d) c'erano / qualche studenti

解答　(b)　「今朝雪が降り，公共交通機関は遮断された。教室を見ても，何人かの学生がいるだけだった。」
qualche の用法については練習 1 で説明した通り，意味は複数でも単数名詞とともに用いられ，単数扱いされます。

練習 9

Una cosa simile succede spesso alla vostra età. Non c'è _____.
(a) niente di strano　　(b) nessuno di strano
(c) niente strano　　　(d) nessuno strano

解答　(a)　「君たちの年頃にはそういうことはよくあるさ。おかしなことは

何もないよ。」
代名詞としては，nessuno は人に使われるので，この場合は不適切です。niente を使う場合，形容詞は男性単数形で置かれ，あいだに前置詞 di をはさみます。

練習10

X : Ultimamente hai visto qualche film ?
Y : No, _____ .
 (a) ho visto nessuno   (b) non ne ho visto nessuno
 (c) ho visto nulla   (d) non ho visto nessuno

解答 (b)「君最近何か映画見た？」「いや，全然見ていないんだ。」nessuno が動詞の後に来るとき，non を動詞の前に置きます。さらにこの場合「映画を１本も見ていない」の意味ですから，film の本数を問題にしており，小詞 ne が必要です。

練習11

Non avevamo _____ idea su come risolvere il problema.
 (a) nessun   (b) nulla   (c) alcuna   (d) qualcuna

解説 (c)「私たちはどうしたら問題を解決できるのか，皆目わからなかった。」
(a) は nessuna であれば，正解です。(b) の nulla は形容詞としては，使われません。(d) の qualcuno, -a も不定代名詞です。Non ... alcuno/a で「一つも…ない」の意味になります。

練習12

Lui è veramente un ficcanaso. Si impiccia sempre delle faccende _____ .
 (a) sue   (b) altri   (c) proprie   (d) altrui

解答 (d)「彼は本当にお節介な奴だ。いつも他人の仕事に口出しするんだから。」

altrui は「他人の」の意味になります。なお，ficcanaso に関連しますが，ficcare il naso in ... (…に口出しする) という成句もあります。

練習13

A me non piacciono i vestiti troppo vistosi. Dammene _____ più semplice.

 (a) altro   (b) tutto   (c) uno   (d) qualcosa

解答 (c) 「服はどれもあまりに派手で，私は気に入りません。もっと地味なものをください。」
数量を表す uno は ne とともに用いられ，「(服を)一着」の意味になります。

練習14

Stamani _____ certo signor Cipolla è venuto a cercarti. Lo conosci ?

 (a) il   (b) alcun   (c) un   (d) uno

解答 (c) 「今朝チポッラさんとかいう方が，君に会いにきたよ。知り合いなの？」
certo がなければ，il signor Cipolla でよいのですが，話し手が「よく私は知らない人なんだけれど」という含意を込めて certo を使っていますので，不定冠詞 un を使います。

練習15

X : Scusi, avete una camera libera per domani notte ?
Y : Aspetti un momento... Mi dispiace, siamo al completo.
X : Ho capito. Grazie _____ . Arrivederci !

 (a) le stesse   (b) lo stesso   (c) altrettanto   (d) infinite

解答 (b) 「すみません，明日の晩空室がありますか？」「少々お待ちください… 申しわけございませんが，満室です。」「わかりました。どうもお手数おかけしました。失礼します。」

lo stesso は「やはり，それでも」を意味します。相手に何か依頼して，希望通りにならなかった場合でも，いちおう応対してくれたことに感謝して Grazie lo stesso. と言います。

第9章 文章中の空所補充型問題

比較的短い文章に設けられた空欄に，適切な語句を補充する形式の問題です。1999年以来，毎年のようにこのタイプの問題は出ています。文法的知識を問うもの，熟語や単語に関する知識を問うものなどさまざまです。文のなかに解答の鍵が含まれていることも多く，読解力も試されます。

練習

Completare il brano scegliendo fra a, b, c, d.

練習 1

Ieri, mentre studiavo ___(A)___ Biblioteca Nazionale, ___(B)___ caso ho incontrato Mario. Mi sembrava che avesse la febbre e stesse male. Gli ho detto: "Perché non ___(C)___ dal medico? E dovresti ___(D)___ in casa invece che stare qui". Ma lui aveva molto lavoro ___(E)___ finire entro oggi.

(A) (a) in   (b) a   (c) nella   (d) alla
(B) (a) in   (b) di   (c) per   (d) a
(C) (a) ti fai vedere (b) ti fai parlare (c) ti fai consultare (d) ti fai andare
(D) (a) restarti   (b) rimanerti   (c) rimetterti   (d) riposarti
(E) (a) per   (b) da   (c) a   (d) di

大意

昨日国立図書館で勉強していたら，マリオにたまたま会った。彼は熱があり，具合が悪いように思われた。私は彼に言った。「どうして医者に診てもらわないのかい？ こんなところにいるより，家で休んだ方がいいよ。」しかし，彼は今日までに終わらせなければならない仕事をたくさん抱えていた。

解答

- (A) ― (d)　一般に「図書館で勉強する」という場合，studiare in biblioteca ですが，特定の図書館の場合，a を用い，さらに定冠詞が必要です。
- (B) ― (c)　per caso で「偶然に」の意味になります。
- (C) ― (a)　farsi vedere dal medico で「医師の診断を受ける」という意味になります。
- (D) ― (d)　「休む」の意味になり，さらに代名動詞にもなりうるのは，riposare だけです。
- (E) ― (b)　avere ～ da ＋不定詞(...)で，「…すべき～を抱えている」

練習2

　　(A)　che raggiungere l'antro della Sibilla o l'ingresso dell'Ade. Si arriva a Napoli 　(B)　 da qualsiasi città d'Italia. Un biglietto costa 　(C)　 ai 150 euro. Si può scegliere l'auto e, 　(D)　 la Roma-Napoli o la Reggio-Salerno, si esce sulla tangenziale di Napoli ad Agnano. Oppure si può arrivare 　(E)　 nave da Livorno o da Palermo. O infine con il treno. Alla stazione di Porta Garibaldi si può prendere la metropolitana Fs 　(F)　 Pozzuoli. Da Capodichino* a Pozzuoli in taxi si spendono 　(G)　 25 euro. Secondo la stagione, visitando i Campi Flegrei è d'obbligo avere occhiali 　(H)　 sole e scarpe molto robuste e comode. 　(I)　 dei luoghi lo si percepisce camminando.　　(*adatt. da "L'Espresso" 8 novembre 2001, p. 199*)

＊dove si trova l'aeroporto

- (A)　(a) Niente di più facile　　(b) Niente del più facile
  　　 (c) Niente più facile　　　(d) Niente il più facile
- (B)　(a) sull'aereo　(b) nell'aereo　(c) con l'aereo　(d) per l'aereo
- (C)　(a) circa　(b) quasi　(c) attorno　(d) verso
- (D)　(a) corso　(b) corsa　(c) percorso　(d) percorsa
- (E)　(a) in　(b) con　(c) sulla　(d) nella
- (F)　(a) a　(b) per　(c) da　(d) verso
- (G)　(a) dai　(b) sui　(c) dei　(d) intorno
- (H)　(a) per　(b) contro　(c) da　(d) di

(I)　(a) La bellezza　(b) L'attrattiva　(c) Le grazie　(d) Il fascino

大意

シビッラの洞窟，もしくは冥界の入り口に行くほど容易なことはない。ナポリにはイタリアのあらゆる町から飛行機で入ることができる。切符はおよそ150ユーロくらい。車で行くという選択もあり得る。ローマ・ナポリ線もしくはレッジョ・サレルノ線を走り終えたら，アニャーノでナポリ環状道路に降りればよい。あるいは，リヴォルノもしくはパレルモから船に乗って行くことも可能である。あるいは，電車という手もある。ポルタ・ガリバルディの駅でポッツォーリ行きの都市近郊列車に乗ればよい。カポディキーノからポッツォーリまで，タクシーで行けば25ユーロくらいかかる。季節にもよるが，カンピ・フレグレイを訪れるならば，必ずサングラスを持参し，とても頑丈で楽な靴を履くべきだ。この場所の魅力は，歩くことで実感できる。

解答

(A) ─ (a)　niente を形容詞と用いるときは di をあいだにはさみます。比較級になるので，定冠詞は不要です。

(B) ─ (c)　移動手段を表す前置詞の問題です。con か in かということになりますが，in を用いた場合，定冠詞は不要です。

(C) ─ (c)　「およそ…」の意味で，その後に前置詞 a を伴うのは attorno だけです。quasi は「だいたい，ほとんど」と訳されることが多いですが，「近いけれど，少しおよばない」というニュアンスが含まれています。

(D) ─ (d)　la Roma-Napoli o la Reggio-Salerno(ローマ・ナポリ線ないしはレッジョ・サレルノ線)が意味上の主語となる過去分詞構文です。他動詞 percorrere の過去分詞は，女性単数形になります。直訳すれば，「ローマ・ナポリ線ないしはレッジョ・サレルノ線を走り終えたのち」です。

(E) ─ (a)　(B)と同じく，移動手段を表す前置詞の問題ですが，定冠詞がないので，in です。

(F) ─ (b)　乗り物の行く先や方向を表す前置詞は，per です。

(G) ─ (b)　「25ユーロくらい」の意味で，およその価格を表す前置詞として可能なのは，選択肢中 su だけです。

(H) ─ (c)　用途や目的を表す da です。cf. sala da pranzo(ダイニング・ルーム)

(I) ─ (d)　lo は冒頭で強調された名詞を受け，percepisce の目的語になって

います。したがって，女性単数の La bellezza, L'attrattiva および女性複数の Le grazie は除外されます。男性単数の Il fascino のみが可能です。

練習3

Ha detto Lina Wertmüller : "L'italiano di una donna non può proprio ___(A)___ a meno : prima la mamma, poi la moglie, l'amica, fino all'ultimo quando la buona ___(B)___ gli chiude gli occhi".
In Italia il 90 per cento delle coppie ___(C)___ fino alla morte ; il doppio ___(D)___ si registra in Germania o in Inghilterra. Diceva Federico Fellini : "La donna è anche uno specchio perché rappresenta ___(E)___ di te".   ("L'Espresso" 21 marzo 2002, p. 40)

(A) (a) farci   (b) farla   (c) farsi   (d) farne
(B) (a) suocera   (b) suorina   (c) prete   (d) oculista
(C) (a) assiste   (b) assistono   (c) resiste   (d) resistono
(D) (a) quanto   (b) quanti   (c) di quanto   (d) di quanti
(E) (a) la parte più oscura   (b) una parte più oscura
     (c) la parte la più oscura   (d) una parte la più oscura

大意

リーナ・ヴェルトミュラーは言った，「イタリア人男性には，ほんとうに女性が欠かせない。最初はマンマ，それから妻，女友達，そしてよきシスターがその目を閉じてくれるときまで。」
イタリアでは90％のカップルが死ぬまで連れ添う。ドイツやイギリスの2倍である。フェデリコ・フェリーニは言っていた，「女性は鏡でもある，というのも，君のもっとも暗い部分を表すから。」

解答

(A)—(d) fare a meno di ... で「…なしで済ます」の意味になります。ここでは，di una donna が前に置かれて強調されており，それを改めて ne で受ける必要があります。
(B)—(b) 語彙の問題です。臨終の場に居合わせ，死を看とる女性ということで，suorina が適当です。

(C)—(c) 主語は単数で,「連れ添う」の意味ですから, resiste が正しいことになります。

(D)—(c) ここで問題になっているのは百分率ですから, 複数の quanti は除外され, さらに比較の対象を表す前置詞 di が必要です。

(E)—(a) 定冠詞＋più で作られる相対最上級の問題です。(b)や(d)はただちに除外され, (c)のように冠詞を繰り返すのは, フランス語既習者にありがちな間違いです。

練習 4

A che cosa serve un giornale ? In epoche diverse si ___(A)___ risposte diverse. Nel periodo iniziale, nel primo stadio del giornalismo, chi fonda un giornale ___(B)___ soprattutto diffondere idee, sostenere un partito, fare propaganda ; vuole convincere i lettori ___(C)___ bontà di una causa. Solo in seguito, nelle società più evolute, prevale una diversa funzione del giornale : ___(D)___ di informare il lettore, raccontandogli quel che è successo nelle ultime ventiquattro ore. Nella fase iniziale ogni giornale ha una bandiera. In seguito nasce il modello del giornale ___(E)___ .

(*"Il Venerdì di Repubblica" 15 marzo 2002, p. 20*)

(A)	(a) dà	(b) danno	(c) è dato	(d) è dati
(B)	(a) pensa	(b) cerca	(c) intende	(d) mira
(C)	(a) della	(b) sulla	(c) alla	(d) dalla
(D)	(a) la	(b) alcuna	(c) quello	(d) quella
(E)	(a) ideale	(b) privato	(c) obiettivo	(d) soggettivo

大意

新聞の役割とは何か？ それぞれの時代で, それぞれの答えがなされる。最初の時期, ジャーナリズムの最初の段階では, 新聞を創始する人は, とりわけ思想の普及, ある政党の支持, 宣伝をすることを意図する。ある大義の正しさを, 読者に説くことを望むのである。ようやくその後, もっとも進化した社会で, 新聞の別の機能が支配的になる。それは, 読者に最近24時間以内に起きたことを語り, 報せる機能である。初期段階では新聞はある特定の旗印を担っている。その後, 客観的新聞のモデルが生まれるのである。

解答

この文章では,新聞の役割の推移が歴史的にではなく,一般法則的に述べられているので,動詞は現在形が用いられています。

(A) — (b) 受け身の si が現在形で用いられていますから,danno が正解です。意味上の主語(risposte diverse)が複数であることに注意してください。

(B) — (c) 他動詞であり,前置詞なしに直接不定詞を伴うものは,intendere だけです。

(C) — (a) convincere A di B で「A(人)に B(事柄)を説き伏せる」の意味です。persuadere A di B も同じような意味になります。

(D) — (d) funzione を受ける代名詞として,女性単数の quella が適切です。

(E) — (c) これは文脈から判断しましょう。初期の新聞が特定の党のプロパガンダを行ったのに対し,後の新聞は現実に起きた事柄を伝えるようになったというのですから,「客観的な」を意味する obiettivo が最適です。なお「主観的な」は soggettivo です。

練習 5

"Eureka, ho trovato !". Secondo la leggenda, Archimede, matematico, fisico e inventore del III secolo a.C., si precipita nudo e bagnato ___(A)___ strade di Siracusa per annunciare la scoperta del principio idrostatico che ___(B)___ lui prende il nome. ___(C)___ fare il bagno, si è accorto che gli oggetti immersi in un fluido sono sottoposti a una forza diretta verso l'alto, pari ___(D)___ peso del fluido spostato, e può dimostrare la frode ai danni del signore della città, ___(E)___ corona d'oro è stata alterata con l'argento.

("*L'Espresso*" *8 novembre 2001, p. 135*)

(A) (a) sulle (b) delle (c) alle (d) per le
(B) (a) per (b) da (c) a (d) di
(C) (a) Da (b) Dal (c) In (d) Nel
(D) (a) al (b) a (c) del (d) di
(E) (a) che (b) la di cui (c) del quale (d) la cui

大意

「エウレーカ，見つけたぞ！」伝承によれば，紀元前3世紀の数学者であり，物理学者であり，発明家であったアルキメデスは，濡れた裸のまま，流体静力学の原理を発見したことを告げるため，シラクーザの通りを走る。その原理は，彼に因んで名付けられる。入浴中，彼は，流体に浸された物体は，除けられた流体の重さに相当する上向きの力を受けるということを発見した。都市の君主が損害を被るように，彼の黄金の冠には銀が混ぜられていた。この仕組まれた欺瞞を，アルキメデスは証明することができる。

解答

- (A) — (d) 「道を進む，行く」と言いたい場合，andare per la strada と per を使うことを思い出してください。この場合，per は「…を通って」の意味です。
- (B) — (b) いわゆる「アルキメデスの原理」の説明ですから，「彼に因んで」の意味となる da が適当です。
- (C) — (d) nel ＋不定詞で，ジェルンディオのように「…しながら，…している最中に」の意味になります。
- (D) — (a) pari a ... で「…に相当する，…に匹敵する」の意味になります。cf. uguale a ..., simile a ..., corrisponde a ...
- (E) — (d) signore を先行詞とする所有を表す関係代名詞を選ぶことになりますが，(c)では語順が正しくありません。la corona del quale とすべきです。la di cui は官庁用語であり，ふつうの文体では用いません。

練習6

Ruminare fa bene al cervello. ___(A)___ sostiene uno studio britannico da ___(B)___ emerge che masticare chewing gum ___(C)___ i processi cerebrali, memoria in testa. "Non ___(D)___ il gusto della gomma", spiega Andrei Sholey dell'Unità di neuroscienze dell'Università di Northumbria, "ma il movimento delle mandibole, che attraverso un aumento del ___(E)___ cardiaco porta più zucchero e ossigeno al tessuto nervoso".

("*L'Espresso*" 4 aprile 2002, p. 124)

(A)	(a) Ci	(b) Vi	(c) Lo	(d) Ne
(B)	(a) che	(b) chi	(c) quale	(d) cui
(C)	(a) migliora	(b) migliori	(c) peggiora	(d) peggiori
(D)	(a) merita	(b) conta	(c) dipende	(d) tratta
(E)	(a) battito	(b) battuto	(c) battente	(d) battista

大意

咀嚼は脳によい。そう唱えるのは英国の研究論文であり，チューインガムを噛むことは，脳の作用，記憶力を向上させることがわかった。「ガムの味が問題なのではありません」とノーサンバーランド大学の神経科学科のアンドレイ・ショーリーは説明する。「重要なのは下顎骨の動きであり，心拍数の増加によって，より多くの糖分と酸素を神経繊維に送り込むのです。」

解答

医学記事には，ふだん見慣れない専門用語が何かと含まれており（Ruminare, neuroscienze, mandibole など）一見難しそうですが，必ずなじみ深い言葉での説明が続きますから，あわてることなく既存の知識をもとに推測しながら読んでみてください。

(A) — (c) 前文全体を受ける代名詞となりうるのは，lo のみです。
(B) — (d) 前置詞とともに用いられる関係代名詞で，定冠詞を伴なわないことに注意してください。
(C) — (a) ここでは emerge は risulta と同義であり，che 以下の事柄が「明らかになる」の意味で使われています。che 以下の節では，動詞は直説法になり，さらに文脈に合うのは，migliora だけです。
(D) — (b) contare は自動詞として用いられる場合，「重要である，大切である」の意味になります。
(E) — (a) どれも字面がよく似ていますが，cardiaco（心臓の）という形容詞から，「動悸」の意味の語 battito を選べばよいことになります。これは奇問かも知れませんが，この手の問題もときどき出ます。

練習 7

Nelle ___(A)___ di grotte scavate nella montagna duemila anni fa dai monaci buddhisti, vivono oggi ___(B)___ di hazara, l'etnia sciita dell'Afghanistan centrale, in __(C)__ condizione di degrado e povertà. La maggior parte __(D)__ le grotte dopo la disfatta dei Taliban che lì __(E)__ i mortai.

("*Il Venerdì di Repubblica*" 15 marzo 2002, p. 33)

(A) (a) centinaia (b) centinaio (c) centinaie (d) centinai
(B) (a) migliaio (b) migliaia (c) migliai (d) migliaie
(C) (a) incredibile (b) incredibili
    (c) un incredibile (d) un'incredibile
(D) (a) ha occupato (b) hanno occupato
    (c) occupava (d) occupavano
(E) (a) hanno piazzato (b) piazzano
    (c) avevano piazzato (d) piazzavano

大意
仏教の修道僧が2千年前に山中に掘った数百の洞穴には，今数千人のハザラ人が住む。彼らはアフガニスタン中部のスキュタイ民族であり，破壊と困窮の信じ難い条件のなかで暮らしている。彼らの大半は，そこに迫撃砲を据えていたタリバンの崩壊後に，洞窟に住みついた。

解答
centinaio(100，およそ100)あるいはmigliaio(1000，およそ1000)は単数では男性名詞ですが，複数ではそれぞれcentinaia, migliaia となり女性名詞として扱われます。注意してください。同様にpaio(一対，一組)も，単数では男性ですが，その複数形paiaは女性です。

また un centinaio および un migliaio は，文法的には単数扱いです。una decina(10)や una dozzina(12, 1ダース)は単数女性として扱います。
cf. Una decina di studenti viene da me.

(A)—(a) Nelle という前置詞と定冠詞の結合形から，centinaia でなければなりません。
(B)—(b) 動詞が vivono と3人称複数ですから，migliaia が正解です。migliaio では，動詞は vive となるはずです。
(C)—(d) 不定冠詞が付き，condizione は女性名詞ですから，un'incredibile となります。
(D)—(a) 現在ハザラ人は洞窟に住んでいるわけですから，半過去は不適切

です。また，La maggior parte は実質的に複数であっても，文法的には単数扱いが原則ですから，ha occupato が正しいことになります。
(E)—(c) タリバンが洞窟で迫撃砲を使用していたのは，ハザラ人が住みつく以前のことですから，過去から見た過去ということで，大過去が適当です。

練習 8

La pecora Dolly è morta. Nel giorno di San Valentino il primo mammifero clonato si è spento al Roslin Institute, lo stesso ___(A)___ era stata creata nel 1996. Dolly è stata «addormentata» dopo che le era stata diagnosticata una malattia progressiva e incurabile ai polmoni.
Gli esperti, già in passato, avevano fatto notare come ___(B)___, di sei anni, dimostrasse un'età biologica maggiore. Dolly soffriva ___(C)___ artrite: una scoperta che, oltre ad aver evidenziato la difficoltà statistica di riprodurre animali clonati ___(D)___ sopravvivere, ha in parte ___(E)___ l'entusiasmo acceso nella comunità scientifica il 23 febbraio del 1997, giorno in ___(F)___ la pecora fu svelata al mondo.　　　("l'Unità Online ⟨http://www.unita.it/⟩" 14 febbraio 2003)

(A) (a) che   (b) cui   (c) dove   (d) quale
(B) (a) l'esemplare (b) la specie   (c) il modello   (d) il genere
(C) (a) di   (b) da   (c) per   (d) ad
(D) (a) in livello di (b) in grado di (c) incapaci di   (d) in modo di
(E) (a) intensificato (b) affrettato (c) raffreddato   (d) rinnovato
(F) (a) cui   (b) che   (c) quando   (d) quale

大意
羊のドリーが亡くなった。聖ヴァレンタインの日，初めてのクローン哺乳類は，ロスリーン研究所で亡くなった。1996年に生まれたのと同じ場所である。ドリーは進行性の不治の肺病にかかっていることが診断されたのち，「眠ら」された。
以前から専門家たちは，この個体が6歳であるにもかかわらず，いかに生物年齢的には年老いているかを指摘した。ドリーは関節炎を患っていた。これ

は，生き永らえることのできるクローン動物を作ることの統計学的難しさを明らかにしただけでなく，世界に公開された1997年2月23日に燃え上がった科学界の熱狂を冷ますような発見となった。

解答

(A) ― (c)　al Roslin Institute が先行詞になっているので，dove が適切です。

(B) ― (a)　「この個体」の意味になりうるのは，l'esemplare です。la specie や il genere は「種」の意味で用いられます。

(C) ― (a)　soffrire が自動詞で「…を患う」という意味になるとき，前置詞は di です。

(D) ― (b)　in grado di ... で「…する水準にある」の意味になります。incapaci di では文脈に合いません。

(E) ― (c)　「(熱狂を)冷ます」の意味になるのは raffreddato のみです。

(F) ― (a)　前置詞と用いられる関係詞を選ぶことになります。定冠詞がないので，quale は使えません。

第10章 成句

イタリア語の成句に関する知識を問う問題は，数は少ないですが毎年のように出題されています。

1996年
    essere al settimo cielo   有頂天になる，この上ない幸福を味わう
    essere proprio un asino   愚鈍である
    avere le mani bucate   浪費家である
    un pesce fuor d'acqua   慣れない場に出て当惑する

1997年
    avere un debole per ...   …を好む
    saperla lunga su ...   …についてよく知っている

1999年
    essere testardo come un mulo   ラバのように頑固である

2001年
    a bocca aperta   啞然として
    trattare ... con i guanti   …を丁寧に扱う
    cercare il pelo nell'uovo   あら探しをする

2002年
    non avere peli sulla lingua   ずけずけとものを言う
    fare il passo più lungo della gamba   （身の程をわきまえずに）無理をする

過去の出題例を見ると，身体の部位を表す語の含まれているものや動物の比喩が好まれているようにも思われます。しかし成句は無数にありますから，網羅的に勉強するのは無理ですし，また無意味です。むしろ読書量を増やしたり，イタリア人が実際に用いているのを聞き，結果的に自然とこのような語句を身に付けて行くというのが理想的です。文脈や例文のなかで覚えるべきであり，「avere un debole per ...＝…を好む」式の機械的な暗記は避けた方がよいでしょう。また意味の確認をする際

は，伊和辞典ではなく，伊伊辞典を使うことをおすすめします。イタリア語で意味を説明するとどうなるのか，ふだんから意識しておけば，検定試験の対策にもなるでしょう。新聞，雑誌の記事でいえば，引用符のなかや，レトリックの好まれる国内政治記事や芸能ネタに，比較的用例が多く認められるようです。以下に，類題をあげておきましょう。

練習

Trovare la definizione corretta per l'espressione sottolineata scegliendo fra a, b, c, d.

練習 1

Silvio non riesce a trovare lavoro, perché sta sempre in casa a grattarsi la pancia guardando la TV.

(a) impazzire　(b) spulciarsi　(c) fare niente　(d) irritarsi

解答　(c)「シルヴィオは仕事を見つけることができない，それというのも，いつも家にいてテレビを見ながら無為に過ごしているから。」

練習 2

X : Che cosa fa adesso Paolo ?
Y : Non lo sai ? È assessore alla provincia, ha fatto strada.
　(a) ha costruito una strada.
　(b) ha corso velocemente.
　(c) ha cominciato a lavorare.
　(d) ha avuto successo nella carriera.

解答　(d)「パオロは今どうしているの？」「知らないの？　県の評議員をやっているんだ。出世したんだよ。」

練習 3

X : Sai che cosa fa Nino ?

Y : Non fa altro che studiare non so quale poeta latino. Secondo me, sta con la testa fra le nuvole.
　(a) è sempre occupato　　　(b) vive una vita nobile
　(c) vive fuori dalla realtà　(d) studia senza imparare nulla

解答　(c)　「ニーノが何やっているか，君知っている？」「誰かは知らないけれど，あるラテン詩人をもっぱら研究しているよ。僕に言わせれば，彼は浮世離れしている。」

練習 4

Guido ha sposato Angela, che aveva conosciuto ad una festa un paio di mesi prima. È stato proprio un colpo di fulmine.
　(a) Erano troppo spensierati.　　(b) Erano molto decisi.
　(c) Si sono innamorati a prima vista.　(d) Erano destinati a sposarsi.

解答　(c)　「グイードは，数カ月前にパーティーで知り合ったアンジェラと結婚した。二人は一目惚れだった。」

練習 5

X : Ciao！Come stai？
Y : Mah, insomma. Ieri ho alzato un po' il gomito e stamani ho mal di testa.
　(a) ho lavorato troppo　　(b) ho preso il torcicollo mentre dormivo
　(c) ho bevuto troppo　　(d) ho fatto troppa ginnastica

解答　(c)　「やあ，元気？」「あんまり。昨日はちょっと飲み過ぎたよ。今朝は頭が痛くてね。」

練習 6

X : Giorgio ha detto che deve tornare subito in Italia per motivi di famiglia.
Y : Accidenti！Mi lascia proprio una patata bollente：dobbiamo

finire il progetto entro lunedì.
(a) ho un problema da risolvere urgentemente
(b) mi sento molto deluso
(c) mi arrabbio perché mi hanno preso in giro
(d) mi brucio le mani cucinando

解答　(a)　「ジョルジョが，家の都合で急遽イタリアに帰らなきゃならないんだ。」「まいったな。それはほんとうに緊急課題だ。月曜日までに計画を仕上げなくてはいけないね。」

練習 7

X : Perché non le chiedi aiuto ?
Y : Glielo ho già chiesto, ma mi ha sbattuto la porta in faccia.
(a) mi ha criticato severamente　(b) ha rifiutato di aiutarmi
(c) mi ha offeso　(d) ha sofferto molto

解答　(b)　「彼女に助けを求めればいいじゃない？」「頼んだよ。でも，きっぱりと断られたよ。」

練習 8

Non sopporto il signor Bianchi : è un tipo con la puzza sotto il naso.
(a) emette cattivo odore　(b) è superbo
(c) si comporta umilmente　(d) fa schifo

解答　(b)　「私はビアンキ氏には耐えられない。彼は傲慢な人だ。」

練習 9

X : Fabio è stato in Cina per un mese.
Y : Beato lui ! Anch'io vorrei prendermi un mese di vacanza. Ma non posso mica chiedere la luna.
(a) pretendere l'impossibile　(b) guadagnare soldi sufficienti
(c) recuperare il ritardo sul lavoro　(d) viaggiare in un paese lontano

解答 ▎(a)「ファビオが中国を1カ月間旅行したんだって。」「羨ましいわね。私も1カ月ヴァカンスを取りたいものね。でも，ないものねだりはできないわ。」

練習10

X : Perché non puoi venire alla festa ?
Y : La prossima settimana ho l'esame. Devo <u>rimboccarmi le maniche</u> e mettermi sui libri.
  (a) prepararmi per l'esame in fretta e furia
  (b) prepararmi per l'esame con poca speranza di superarlo
  (c) trovare un motivo per non studiare
  (d) dedicarmi alla preparazione con decisione

解答 ▎(d)「どうしてパーティーに来られないの？」「来週，試験なんだ。<u>腕まくりして，本に向かわなきゃ。</u>」
rimboccarsi le maniche は，文字通りには，「自分の袖を折り返す」です。

練習11

Se chiediamo aiuto a Marco, <u>si fa</u> sempre <u>in quattro</u>.
  (a) fa tutto quello che può fare   (b) evita di aiutarci
  (c) ce la fa senza fatica   (d) crea problemi

解答 ▎(a)「私たちがマルコに助けを求ると，彼はいつも<u>労を惜しまない</u>。」

練習12

L'indagato è stato rilasciato molto prima di quanto previsto. Secondo me hanno fatto un'indagine <u>all'acqua di rose</u>.
  (a) laboriosamente   (b) con cautela
  (c) in modo superficiale (d) delicatamente

解答 ▎(c)「被疑者は私たちが予想していたよりも，ずっと早く釈放された。私が思うに，捜査の<u>やり方は甘かった</u>。」

▋ all'acqua di rose で「手ぬるいやり方で」の意味です。

練習13

La tua tesina è piena di sviste e di errori. Devi riscriverla di sana pianta.
　(a) subito　　　(b) con calma　　(c) sul serio　　(d) totalmente.

解答 ▋ (d) 「君の論文は，うっかりミスや間違いだらけです。一から書き直しなさい。」
di sana pianta で「すっかり，根本から，抜本的に」の意味になります。

第11章 読解問題

出題形式

1級や3級の場合と同様，2級の試験でも聞き取り試験，文法問題の後に，読解問題が置かれています。年によって長さには多少の違いはありますが，課題文は2～3題です。それぞれの課題文の後，4～7つのイタリア語の短文が設問として続き，それぞれが課題文の内容に合致しているか(vero)，そうでないか(falso)が問われます。課題文について，過去の出題例を見てみましょう。

1998年
 (A) ミラノにおける商店の営業時間規定の変更（Grazia，1998年4月17日号）
 (B) 出来事と人々（Oggi，1997年10月8日号）

1999年
 (A) parrucchiere と barbiere という名称の消滅について（Ansa 通信，1999年5月）
 (B) これから生まれてくる子供の性別（L'Espresso，1999年4月22日）
 (C) フィアットの自動車の売れ行き（Ansa 通信，日付記載なし）

2000年
 (A) 通勤のために，ある特急列車で毎朝乗り合わせる人々の交流（Elle，1999年夏号に加筆）
 (B) 働く女性の外食（Marie Claire，1999年）

2001年
 (A) イタリアの大学卒業者の就職状況について（La Repubblica，2001年2月24日号に加筆）
 (B) リラからユーロへの切り替え時期に想定される混乱（Panorama，2001年2月22日号に加筆）

2002年
　(A) イタリアにおけるサイドビジネスの流行（La Repubblica, 2002年4月22日号に加筆）
　(B) 同時多発テロ以降のヴァカンスの変化（La Repubblica, 2002年5月2日号に加筆）
　(C) 午前中営業する映画館（La Repubblica, 2002年5月13日号に加筆）

　課題文は，イタリアの新聞や雑誌の記事から採られています。比較的読みやすく，背景知識を前提としない記事が選ばれているようですが，それでも知らない単語は必ず含まれていると言ってよいでしょう。話題はさまざまですが，とくに統計データに基づくものが目立ちます。あるいは，アンケート調査の報告そのものだったりもします（1999年(B)，2001年(A)）。

対策と勉強方法

　常日頃から多読を心がけ，できるだけ毎日一定の読書時間を確保しましょう。自分の気に入った話題の記事で構いませんから，素早く，なるべく辞書を引かずに読む習慣を身に付けることが大切です。新聞や雑誌の記事では，同一の語句の繰り返しを避けるために，しばしば言い換えが行われます。わからないと思った言葉が，別の語句で置き換えられていることもありますから，知らない言葉の前で立ち往生しないようにしましょう。また，できるだけ訳読をしないように心がけてください。イタリア語の語順に即して情報処理できるようになることが大切です。多読速読に関しては，興味本位で進めて構いません。自分の知りたいと思った情報が拾えたり，読んでいて楽しければそれでよいのです。
　しかし，その一方で精読も大切です。一つ一つの文の構造を見極め，語句の係り具合に細心の注意を払いながら読む訓練も怠ってはなりません。設問のなかには，細部の理解を求めているものが多いからです。精読の場合は，もちろん辞書を丹念に引いて構いませんが，なるべく伊伊辞典を使ってみましょう。そうやって一つの文章を徹底的に調べ，熟読した

のち，これは少ししんどいのですが，今度は別のイタリア語で言い換えたり，要約することが勉強になります。迅速な情報処理能力のみならず，緻密な読解能力を身に付けることも目指してください。

この章の11の課題文は，番号順に比較的易しい問題から，難しいものへと配列しました。練習1～5は本番の文章と同じくらいの難易度と考えてよく，練習6以降は実際の出題例よりも長く，少し難しいものになっています。模擬試験問題として解くだけでなく，精読用の教材としても使ってみてください。

練習

Leggere i brani e scegliere fra VERO e FALSO.

練習 1

Dare da bere agli assetati

L'acqua potabile è inaccessibile per un miliardo e 400 milioni di persone del pianeta su quasi 6 miliardi. Stime internazionali prevedono che, nell'anno 2020, su 8 miliardi di uomini e donne, saranno più di 3 miliardi gli "assetati". Partiamo da alcuni dati: poco meno del 98 per cento dell'acqua della Terra è salata, quindi con meno del 3 per cento (gran parte del quale concentrato nei ghiacciai) l'uomo si disseta, irriga campi, fa funzionare le industrie. Il rapporto tra agricoltura, industria e uso personale è 70-20-10. Circa il 40 per cento dell'acqua per l'irrigazione si perde lungo la strada dalla fonte al serbatoio. Il mondo industrializzato dove vive il 20 per cento della popolazione consuma il 58 per cento dell'acqua disponibile. Per malattie legate all'acqua (e sono la gran parte) muoiono, secondo i dati Global Environment Outlook, 30 mila persone al giorno. In India, dove 200 milioni di persone sopravvivono senza acqua potabile, o in Nigeria, dove metà della popolazione ne è priva.

("L'Espresso" 28 marzo 2002, p. 175)

Secondo l'articolo :
① adesso un miliardo e 400 milioni di persone non hanno la possibilità di usare l'acqua potabile.
② nel 2020 l'acqua potabile non sarà accessibile per 8 miliardi di uomini e donne.
③ l'umanità utilizza soltanto il 3 per cento dell'acqua potabile.
④ il 70 per cento dell'acqua non salata è utilizzato per l'agricoltura.
⑤ la popolazione che abita nel mondo industrializzato usufruisce di più del 50 per cento dell'acqua disponibile.
⑥ in Nigeria il 50 per cento della popolazione muore per malattie legate all'acqua.

語句と文法

è inaccessibile per ... :「…の手に届かない」
su quasi 6 miliardi :「およそ60億人中の」
del 3 per cento (gran parte del quale concentrato nei ghiacciai) :
　　del quale の導く節には動詞が見あたりませんが，concentrato の前に è が省略されていると考えてよいでしょう。先行詞は，meno del 3 per cento です。
il 20 per cento della popolazione consuma :
　　「人口の20%」というのは実体的には複数ですが，文法的には単数扱いです。
dove metà della popolazione ne è priva :
　　ne は dell'acqua potabile を指します。essere privo di ... で「…を欠いている」の意味です。

大意

渇きに苦しむ人々に飲水を

地球上の約60億人のうち14億の人々が，飲水を得ることができない。国際機関の推定によれば，2020年には，80億の男女のうち30億人以上が「渇水状態に置かれる」と見込まれている。いくつかのデータから出発しよう。地球上の水の98%弱が塩水である。ということは，3%以下の水で(その大半は，氷河になっている)人間は喉を潤し，畑を灌漑し，産業を機能させているのである。農業，工業，生活用水の比率はそれぞれ，70%，20%，10%である。灌漑用水の約40%が，水源から貯水池に流れて行く過程で失われる。(世界)人口

の20%が住む産業化の進んだ地域では，利用可能な水の58%を消費している。水に関係する病気(そしてそれが病気の大半を占めるが)で亡くなる人は，「地球環境展望」のデータによれば，毎日3万人である。2億人の人々が飲水なしで命をつないでいるインド，あるいは全人口の半分が飲水を欠くナイジェリアは，このような状況である。

解答
①現在14億の人々が，飲水を得ることができない。 VERO
②2020年には，80億の男女が飲水を手に入れることができない。 FALSO(80億という数字は，2020年の人口です)
③人類は飲水の3%以下しか利用していない。 FALSO(3%という数字は，地球上のあらゆる水のうち，「塩水」ではない水の割合です)
④塩水でない水の70%が，農業に利用されている。 VERO
⑤産業の進んだ地域に住む人口は，利用可能な水の50%以上を利用している。 VERO
⑥ナイジェリアでは，人口の50%が水に関係する病気で亡くなっている。 FALSO(metà della popolazione (人口の半分) という語句は出てきますが，この数字は acqua potabile を欠いている人口です)

(((2 練習 2

Mendras sottolinea il fatto che nei paesi più avanzati, "il matrimonio non è più una pre-condizione per fare figli". Infatti, il 45 per cento delle nascite in Danimarca e il 41 per cento in Francia avvengono fuori dal matrimonio, mentre in Italia siamo solo al 9. Consci di questa realtà, i legislatori del Nord Europa evitano di discriminare coppie sposate e non sposate nel distribuire generosi benefici sociali a chi fa figli. In Italia, invece, non solo tradizionalmente si concede poco a chi mette al mondo bambini. Recentemente, il governatore del Lazio Francesco Storace ha introdotto nuove regole che escludono le coppie di fatto dal ricevere i sussidi previsti per le famiglie disagiate. Le scelte del Polo in tema di famiglia sembrano andare in completa controtendenza rispetto alla parte più moderna dell'Europa.

("L'Espresso" 21 marzo 2002, p. 44)

Secondo questo articolo :
① in paesi europei come Danimarca e Francia, più del 40 per cento dei bambini è nato da coppie non sposate.
② in Italia il matrimonio è ancora una pre-condizione per fare figli.
③ in Italia tradizionalmente si distribuiscono generosi benefici sociali a chi fa figli.
④ le regole introdotte dal governatore del Lazio sono contrarie alla tendenza attuale nei paesi europei più avanzati.

語句と文法

conscio di ... :「…を意識して，…を心得て」
non solo tradizionalmente ... :「伝統的に…であるばかりではない」
　　　後続の文の Recentemente（最近では）とともに意味をとってください。
　　　non solo ... ma anche ～（…のみならず～もまた）の ma anche は省略されることもあります。
si concede poco : この si は再帰代名詞ではありません。いわゆる「受け身の si」で，poco が主語になっています。
chi mette al mondo bambini : chi fa figli の繰り返しを避けた言い換えです。
escludere A da B :「A を B から締め出す」
le coppie di fatto :「事実婚のカップル」
del Polo（→il Polo）: il Polo per le libertà のごとで，Forza Italia, Alleanza Nazionale, Centro Cristiano Democratico, Cristiani Democratici Uniti などの連携からなる中道右派連合です。
in completa controtendenza :「（時代の動きや，支配的な風潮などに）まったく逆行している」

大意

メンドラスの強調する事実は，もっとも進んだ国々において「結婚は，もはや子供を作るための前提条件ではない」ということである。実際，デンマークでは45％の出産が，フランスでは41％の出産が婚外出産であるが，他方わが国イタリアでは，9％にすぎない。この事実を意識し，北欧の議員たちは，子供を作る人へ手厚い社会福祉を給するに際し，結婚しているカップルとそうでないカップルを区別することを避けている。これに対し，伝統的にイタリアでは子供を作る人には，ほとんど何も与えることはしない。そればかりか，最近では，ラツィオ州の知事フランチェスコ・ストラーチェが，困窮す

る家族向けに定められた援助を受け取る対象から、事実婚のカップルを除外する新しい規則を導入した。家族に関するポーロの選択は、ヨーロッパのもっとも近代的な地域に比べ、完全に時代に逆行するものになっている。

解答

イタリアの出産や育児をめぐる状況は、日本に比べるとだいぶ恵まれているはずですが、ヨーロッパの先進地域に比べると、やはり遅れているということになるようです。

①デンマークやフランスなどのヨーロッパ諸国では、40%以上の子供は結婚していない夫婦から生まれる。　VERO
②イタリアでは相変わらず、結婚は子供を作るための前提である。　VERO
③イタリアでは、子供を作る人に対して伝統的に手厚い社会福祉を与える。
　FALSO
④ラツィオ州の知事の導入した規則は、ヨーロッパの先進諸国で支配的な今日的傾向に逆行する。　VERO

練習3

Trova il genio che è in te

Rüdiger Gamm, un tedesco di 29 anni, da un decennio si dedica con passione al calcolo mentale. Oggi è considerato un vero e proprio calcolatore umano, ospite coccolato di trasmissioni tv, capace di elaborare in due secondi la nona potenza di 53 o di dividere due numeri primi, come 31 per 61, ai primi 60 decimali. Il "caso Gamm" ha riproposto agli studiosi del cervello un vecchio interrogativo : che cos'è un genio ?

La comunità scientifica è ancora oggi divisa tra chi sostiene che condizioni ambientali come istruzione e opportunità e l'applicazione intensiva siano in grado di modificare non solo le strategie cognitive, ma anche il nostro funzionamento cerebrale, e chi ritiene che l'intelligenza eccezionale sia innata e determinata geneticamente. Secondo alcuni invece il genio sarebbe legato a un conflitto tra il sé e l'ambiente, risolto in termini positivi, o addirittura a carenze intellettive.

Francisco Alonso-Fernández, docente di Psicologia medica all'Università di Madrid e autore di uno studio in uscita presso Dedalo ("Il talento creativo. Tratti c caratteristiche del genio", 245 pag., 30 mila lire) afferma : «I geni possiedono una natura vitale più instabile rispetto agli altri individui, che si accentua ancora di più quando appaiono episodi depressivi stagionali o oscillazioni tra depressione e ipertermia». Come Johann Wolfgang Goethe che ogni anno accusava un periodo di malessere tra la fine dell'autunno e l'inizio dell'inverno.

("L'Espresso" 8 novembre 2001, p. 133)

In questo brano si dice che :
① Rüdiger Gamm, studioso tedesco, è riuscito a risolvere una vecchia domanda : che cos'è il genio.
② Rüdiger Gamm è capace di eseguire calcoli molto complicati in un attimo.
③ oggi tutti gli scienziati credono che ci sia un conflitto fra condizioni ambientali e l'intelligenza innata.
④ secondo Francisco Alonso-Fernández, i geni hanno una natura vitale meno stabile rispetto agli altri e soffrono sempre di depressione.

語句と文法

calcolo mentale :「暗算」
nona potenza di ... :「…の9乗」
　　この場合，potenza は数学用語の「累乗」の意味であり，nona のかわりに terza なら3乗，quarta なら4乗となります。
numeri primi :「素数」
dividere A per B :「AをBで割る」
primi 60 decimali :「小数点以下60桁」
è divisa tra chi sostiene che ... e chi ritiene che ～ :
　　「…と主張する人と～と考える人に分けられる」
　　sostenere も ritenere も，後続の che で導かれる節のなかでは接続法が用いられます。

sarebbe legato a ... :「…に関連づけられているのだろう」
　　Secondo alcuni(ある人々によれば)があるので，条件法が用いられています。
rispetto a ... :「…と比べて」
accusava un periodo di malessere：文字通りには「状態のすぐれない時期を訴えていた」ですが，結局「気分がすぐれないことを訴える時期があった」ということです。ここでは，accusare は，病気などの症状を「訴える」の意味で用いられています。

大意

君の隠れた才能を探せ

29歳のドイツ人男性，リューディガー・ガムは，10年来暗算に情熱を傾けている。今では，正真正銘の人間計算機と考えられている。テレビのゲストとして引っ張りだこで，瞬時に53を9乗したり，たとえば31÷61など2つの素数の割り算で小数点以下60桁まで算出する能力がある。「ガムのケース」は，脳を研究する者に古典的な疑問を再提起した。「天才とは何か？」
科学界の意見は，今日もなお二派に分かれている。かたや教育とか機会といった環境的条件と集中的な学習が，認知の方法ばかりでなく，我々の脳の機能をもまた形成し得るのだと主張し，かたや卓越した知性は先天的なものであり，遺伝的に決定されていると考える。他方，ある人々によれば，天才は自身と環境との対立に結び付いており，その対立がよい結果を生むこともあれば，逆にまさに知性の欠乏に陥ることもあるという。
マドリード大学の精神医学の教授であり，デーダロ社から出版された研究書（『創造的才能―天才の習性と性格』，245ページ，3万リラ）の著者であるフランシスコ・アロンソ-フェルナンデスは，こう確言する。「天才は他の人々と比べ，より不安定な性質を備えており，それは，季節ごとの鬱病の付帯的兆候が現れたり，あるいは鬱状態と異常高熱とのあいだの揺れ動きが起こると，さらに一層不安定になるのです。」毎年，秋の終わりから冬の始まりにかけての時期に，気分がすぐれないと訴えていたヨハン・ヴォルフガング・ゲーテのケースが，ちょうどこれに当たる。

解答

①リューディガー・ガムは，ドイツの学者であり，「天才とは何か」という古典的問題を解決することに成功した。　FALSO(ガムは暗算の天才なのであって，問題を解決したのではなく，むしろ提起したのですから)

②リューディガー・ガムは極めて複雑な計算を瞬時に行うことができる。
VERO
③今日，すべての科学が環境条件と先天的知性とのあいだに対立があると信じている。 FALSO（天才を決定づける要因として，環境条件をあげる人と先天的要因をあげる人がいるということが述べられ，両者の対立を決定要因にあげる人は第3のグループということになるので）
④フランシスコ・アロンソ-フェルナンデスによれば，天才は他の人々に比し安定的ではない性質を有し，常に鬱状態に苦しんでいる。 FALSO（たしかに「安定的ではない」のですが，「常に鬱状態」というわけでもないので）

4 練習4

Il boom della bicicletta

Capitale della bici, Ferrara lo è anche dei furti : cinque al giorno - che raddoppiano nelle sere d'estate quando il centro si riempie - e una vera e propria rete di ricettatori. Dovendo arginare il fenomeno, si è provveduto prima a dotare i vigili di bici elettriche, poi è stata lanciata l'operazione ladri di biciclette. Il piano prevede l'applicazione di un sistema già sperimentato a Padova, Alessandria e Ravenna : la marchiatura della bici con un numeretto di serie, proprio come le automobili. L'apparecchiatura necessaria, con tanto di computer e banca dati, brevetto di una ditta romana, costa una ventina di milioni ; il servizio è stato affidato a una cooperativa : diecimila lire per ogni timbro.

E se non dovesse bastare, si discute anche di una "cimice" da applicare su una bicicletta-esca. Basta aspettare il ladro e seguire il segnale. Che, via satellite, ti porta fino al ricettatore. Che cosa non si fa per una mountain bike ? ("*L'Espresso*" *28 marzo 2002, p. 90*)

Secondo questo articolo,
① d'estate Ferrara attira molti ciclisti, che rubano soldi a chi passeggia in centro.
② si è cominciato a fornire ai vigili biciclette elettriche a Ferrara

prima che in ogni altra città italiana.
③ ci vogliono diecimila lire per immatricolare una bicicletta, se si utilizza il sistema già esperimentato a Padova.
④ per eliminare i furti si discute anche di un sistema che utilizza un satellite.
⑤ la "cimice" riporta automaticamente i ladri in carcere.

語句と文法

Capitale della bici, Ferrara lo è anche dei furti.：
  この場合，lo は Capitale を受けています。lo は名詞や形容詞で述べられたある性質を受け，essere の前に置かれて述語補語の働きをします。
  cf. Sembra una ragazzina, ma non lo è. (彼女は小娘のように見えるが，そうではないのだ)
ricettatori：ここでは盗んだ自転車を引き取り転売する業者のことです。
l'operazione ladri di biciclette：「自転車泥棒作戦」
con tanto di ...：tanto は名詞的に使われており，「実に…を伴って」と di 以下の言葉を強調しています。
brevetto di una ditta romana：「(これを発明した)ローマの会社に支払う特許料」 brevetto は本来は特許証のことですが，ここではシステムを開発したローマの会社が特許権を持っており，それに関係する費用ということになります。
ogni timbro：文字通りには「刻印するごとに」ですが，la marchiatura のヴァリエーションであり，具体的には自転車登録の手続きを意味します。
se non dovesse bastare：「万が一十分でないならば」の意味で，事実に反する仮定ではありませんが，実現の見込みの少ない事柄の想定ということで接続法半過去 dovesse が用いられています。
"cimice"：後続の文の il segnale を発信する小型装置です。
esca：「餌，おとり」
Che cosa non si fa ...：これは反語疑問文で，「何をしないだろうか(あらゆることをするはずだ)」の意味です。マウンテン・バイクへの人々の思い入れが，並々ならぬ事を言っています。

大意
自転車ブーム

自転車の都であると同時に，フェラーラは自転車泥棒の都でもある。一日につき5件の盗難――中心街が混雑する夏の夕方はこれが2倍になる――と正真正銘の盗品取引ネットワークが存在する。この現象を食い止めねばならないというので，最初は警官に電気自転車を与え，次に自転車泥棒作戦が打ち出された。この計画は，パドヴァ，アレッサンドリア，ラヴェンナですでに実験されたシステムの導入を視野に入れている。それは，まさしく自動車のように，小さな数字の並びで印を付けるのである。必要な装置は，実にコンピューターとデーター・ベース，(これを発明した)ローマの会社に支払う特許料もひっくるめ，約2千万リラかかる。業務は，ある協同組合に委ねられた。登録料は1万リラである。

もし万が一それでも十分ではあり得ないということになれば，おとりの自転車に貼る「ナンキンムシ」の話も持ち上がる。泥棒を待ち，この信号を追いかければよい。この信号が，衛星を経由して，君を盗品売買する者へと導く。マウンテン・バイクのためには，何をしないことがあろうか(あらゆる対策を講ずるはずだ)。

解答
①夏フェラーラには多くのサイクリストが集まり，町で散歩している人からお金を奪う。 FALSO
②フェラーラでは，イタリアのあらゆる都市に先がけて警官に電気自転車を与えることを始めた。 FALSO
③パドヴァで実験されたシステムを導入すれば，一台の自転車の登録には1万リラかかる。 VERO
④犯罪を駆逐するには，衛星を使ったシステムも話題に上る。 VERO
⑤「ナンキンムシ」は，自動的に泥棒を刑務所に送り込む。 FALSO

練習5

Disoccupazione all'8,9%

È il dato migliore da dieci anni a questa parte. Secondo i dati forniti stamattina dall'Istat il tasso di disoccupazione è sceso ad ottobre a quota 8,9%: vale a dire il livello più basso dal 1992. In Italia le persone che lavorano sono complessivamente 21.932.000, con un aumento dell'1,1% (234.000 unità) rispetto allo stesso mese del 2001. Sono 2.152.000, invece, le persone in cerca di occupazione. Cioè il 3,3% in meno rispetto a un anno fa.

Un dato complessivamente molto positivo, ma nel quale è però nascosto anche un segnale di allarme. L'Istat infatti fa notare che la dinamica espansiva dell'occupazione è risultata comunque più contenuta rispetto agli ultimi tre periodi considerati : a gennaio il ritmo di crescita era stato dell'1,7%, ad aprile dell'1,8% e a luglio dell'1,2%. Un andamento che si spiega con il rallentamento del ritmo di sviluppo dell'industria e dei servizi e con il calo dell'agricoltura.

Scomponendo i dati c'è poi da aggiungere : la crescita dell'occupazione ha interessato maggiormente il Centro e il Mezzogiorno (rispettivamente +1,4% e +1,6%), mentre la percentuale di chi lavora è stata nel Nord ovest dell'1% e nel Nord est dello 0,1%.

Ma di che tipo di lavoro si tratta ? Nella media dell'anno l'occupazione dipendente a tempo pieno e indeterminato è cresciuta di 218mila unità ; quella a termine o part-time si è incrementata di 115mila unità. L'incidenza dei contratti di lavoro a scadenza rispetto al totale è salita dal 9,6 al 10%. Scorporando il dato medio annuo per settori, infine, si nota che nell'industria l'aumento è stato dell'1%, nelle costruzioni del 2,4% e nel terziario dell'1,9%. Cala invece il numero di occupati nell'agricoltura, dove il regresso è stato del 2,7%.

("http://www.repubblica.it/" 23 dicembre 2002)

Secondo l'Istat :
① i disoccupati nel 2002 sono diminuiti rispetto al 1992.
② il numero di occupati ad ottobre cala rispetto a quello a luglio.
③ il ritmo di crescita dell'occupazione è più rapido nell'Italia settentrionale che nell'Italia meridionale.
④ aumenta la percentuale di coloro che lavorano con un contratto a termine.
⑤ il tasso di disoccupazione nell'agricoltura è sempre più basso di

quello negli altri settori.

語句と文法

da dieci anni a questa parte：「10年前からこのかた，ここ10年以来」
Istat (Istituto Centrale di STATistica)：「政府中央統計局」
il tasso di disoccupazione：「失業率」
a quota 8,9%：「8.9%の水準」
rispetto a ...：「…と比べて」
le persone in cerca di occupazione：「求職者たち」
la dinamica espansiva dell'occupazione：「就労拡大の勢い」
Un andamento che si spiega con ...：「…によって説明される動向」
Scomponendo i dati c'è poi da aggiungere：ジェルンディオ Scomponendo i dati の意味上の主語は，主節の主語 (la crescita dell'occupazione) とは異なりますが，ここでは「統計データを分析」する人物をあえて特定する必要もないので，明示されてはいません。
il Centro e il Mezzogiorno：「(イタリアの)中部および南部」
incidenza：「比率」
il dato medio annuo：「年平均のデータ」

大意

失業率8.9%

これは，ここ10年来もっともよい数値である。今朝，政府中央統計局 (Istat) によって報告された統計によれば，失業率は10月には8.9%の水準に低下した。つまり，1992年以来最低のレベルである。イタリアでは働いている人は，約21,932,000人であり，2001年の同月と比べ1.1% (234,000人) の増加である。他方，求職者は2,152,000人。つまり，昨年に比べ3.3%低い。

以上は数値としてはおおむね良好であるが，ここには危険な兆候も潜んでいる。実際，政府中央統計局が示すように，調査対象となった直前の三期に比し，就労拡大の勢いはいずれにせよ抑制されている。つまり，1月における増加率は1.7%，4月は1.8%，7月は1.2%である。この動向は，工業やサービス業の成長の鈍化，農業の低下によって説明できる。

データを分析すると，さらに付加すべきことがある。就業人口の増加は主に中部イタリアと南部イタリアに見られるが (中部は1.4%増加，南部は1.6%増加)，他方北西部では労働人口の1%，北東部では0.1%にすぎない。

さて，一体どんな職種が増えているのか？ 年平均にして，契約期間を限定

しないフルタイムは21万8千人増加した。契約期間限定ないしはアルバイトは，11万5千人増加した。全労働に占める，期限つき労働契約の割合は9.6%から10%に上昇した。年平均の統計を業種別に細かく見ると，工業では1%，建設業では2.4%，第三次産業は1.9%である。ところが，農業においては就業者は減少し，低下率は2.7%だった。

解答
①2002年の失業者は，1992年の失業者に比べて減っている。　VERO
②10月の就労数は7月に比べて少ない。　FALSO
③就労者の増加率は，南イタリアに比べ，北イタリアの方が高い。　FALSO
④期限つき契約で働いている人々の割合は増加している。　VERO
⑤農業の失業率は，他の業種に比し常に低い。　FALSO

練習6

Sirchia : "Un avviso scritto per ogni sigaretta in tv"

Continua la crociata anti-tabacco del ministro della Salute, Girolamo Sirchia. Che dopo aver lanciato - qualche giorno fa - un appello alle televisioni, perché non mostrino persone intente a fumare, oggi fa un'altra proposta, certamente destinata a fare discutere. Il progetto, in sintesi, è il seguente : un sottotitolo ogni volta che compare una sigaretta in tv.

L'idea viene avanzata dall'esponente del governo questa mattina a Roma, durante la presentazione della campagna nazionale "Smetti di fumare con il tuo medico". Secondo Sirchia, ogni volta che una sigaretta passa sul piccolo schermo "potrebbe scorrere un messaggio in sovraimpressione, dove si legge : attenzione, si tratta di un messaggio subliminale foraggiato dall'industria del tabacco". Una sorta di corrispettivo mediatico della più sobria scritta "nuoce gravemente alla salute" che compare, da anni, su ogni pacchetto di sigarette. Solo che, nel caso della proposta odierna di Sirchia, si tratterebbe di un messaggio ben più aggressivo, più "politico" che sanitario.

"Fumare non è mai un comportamento spontaneo - sostiene il ministro - ma sempre pilotato dalla regia delle multinazionali. Per questo mi sono permesso di inviare, alle maggiori testate televisive, uno studio recente del *British Medical Journal*, che mette in relazione diretta il numero di persone che iniziano a fumare con film e trasmissioni in cui compare il fumo senza restrizioni o avvertimenti".
Dunque, secondo Sirchia, "bisogna combattere contro la campagna 'parallela' di comunicazione e marketing dell'industria del tabacco, che spinge a conquistare sempre nuovo pubblico". Vedremo se la proposta sarà accolta anche dalle forze politiche che sostengono il governo.
E intanto sono state già varate altre iniziative. Da oggi pomeriggio, in collaborazione con la Federazione nazionale dell'Ordine dei medici chirurghi e con l'Istituto superiore di sanità, è attiva la campagna on-line "Smetti di fumare con il tuo medico". Un'iniziativa che prevede incentivi economici per i medici che riescono a convincere i loro pazienti ad abbandonare le sigarette.

(*"http://www.repubblica.it/"* 1 agosto 2002)

In questo brano si dice che :
① Girolamo Sirchia continua la campagna contro il tabagismo.
② Sirchia ha intenzione di proibire trasmissioni televisive che contengono l'immagine di sigarette.
③ in Italia, ogni volta che compare una sigaretta in tv, si deve mostrare la didascalia: "attenzione, si tratta di un messaggio subliminale foraggiato dall'industria del tabacco".
④ secondo Sirchia, le immagini di sigarette nei film o nelle trasmissioni televisive incoraggiano il vizio del fumo.
⑤ l'industria del tabacco ha già cominciato la campagna contro la proposta di Sirchia.
⑥ si daranno incentivi ai medici che riescono a dissuadere i loro clienti di fumare.

語句と文法

crociata：本来は「十字軍」の意味ですが，ここでは anti-tabacco を伴ない，反喫煙運動のことを表します。

Che (dopo aver lanciato)：文はいったん切れていますが，前文の末尾に現れている Girolamo Sirchia を先行詞とする関係代名詞です。

perché non mostrino persone intente a fumare：
動詞 mostrino が接続法であることに注意しましょう。ここでは perché は理由節ではなく，目的節です。

sottotitolo：テレビの画面や映画のスクリーンなどに出る字幕や，補足説明のための文字のことです。後に出てくる sovraimpressione も同義。

un messaggio in sovraimpressione, dove si legge：… ：
dove は sovraimpressione を先行詞とします。直訳すれば，「(…)と読めるようなテロップのなかに」。しかし，実質的にはコロン以後 (attenzione, …) が un messaggio の具体的な内容になっています。

un messaggio subliminale：ここでは，映像を通して潜在的に視聴者の心理に働きかけ，喫煙を促そうとするメッセージのことです

Una sorta di corrispettivo mediatico … ：動詞 È が省略されています。

mediatico (＝mediale)：「マス・メディアの」

Solo che …：「ただし…である」

pilotato dalla regia delle multinazionali：
「多国籍企業の専売(演出)によって方向づけられる」
regia には演出の意味の他，専売の意味もあり，ここでは両方の意味で使われています。現実にタバコ会社が，映画やテレビを使って，「演出」しているという事情を読み込んでください。

mette in relazione diretta A con B：「A と B とを直接的に関連づける」

Un'iniziativa che …：動詞 essere が省略されており，禁煙キャンペーン "Smetti di fumare con il tuo medico" の趣旨をくわしく説明しています。

大意

シルキア：「テレビにタバコが映るたびにメッセージを」

厚生大臣ジローラモ・シルキアの禁煙運動は続く。数日前，喫煙をしようとしている人物を出さないようテレビに対し声明を発表した彼だが，今日はまた別の提案を行い，これが物議を醸し出すのは必至である。彼の計画とは，要するに，テレビにタバコが映るたびに，字幕を出すというものである。

この案は，今朝ローマで行われる「医師に従い喫煙を止めよう」という国内キャンペーンの発表の場で，政府スポークスマンによって提示される。シルキアによれば，タバコが小さな画面に現れるたびに，「『タバコ産業が資金提供したサブリミナル・メッセージです。どうぞご注意願います』というメッセージがテロップで流れる」というものである。これは，何年も前からあらゆるタバコのパッケージに表示されている「（タバコは）健康に重大な害をもたらします」という，もっとも穏健な文言のマス・メディア版といったところ。ただ，シルキアが今日出した提案の場合，健康のためというよりはむしろもっと攻撃的な，「政治的なメッセージ」であると言えるだろう。

大臣は，「喫煙は決して自発的な行為ではなく，多国籍企業の専売（演出）によって操られるものだ」と主張する。「このことについては，私は主要テレビ局に，『ブリティッシュ・メディカル・ジャーナル』の最新研究論文を送付しました。この研究は，喫煙を始める人々の数と何の制限も警告もなくタバコが現れる映画や放送とを，関連づけています。」

そこで，シルキアによれば，常に新しい消費者を獲得しようと血道を上げる，タバコ産業による宣伝とマーケティングの「同時並行的」キャンペーンに対して，打って出なくてはならないことになる。この提案が，政府を支持する政治的勢力にも受け入れられるかどうか，その行方が注目される。

そして一方，すでに別の試みも打ち出されている。今日の午後から，外科医師会国内連合と高等厚生協会の協力によって，「医師に従い喫煙を止めよう」のインターネット・キャンペーンが開設される。これは，タバコを止めるようううまく患者を説き伏せる医師たちに，報奨金を与えるものである。

解答

①ジローラモ・シルキアはタバコ中毒に対するキャンペーンを続ける。 **VERO**

②シルキアは，タバコの現れる場面を含んだテレビ番組を禁止しようとしている。 **FALSO**

③イタリアでは，タバコがテレビに登場するたびに，「タバコ産業が資金提供したサブリミナル・メッセージです。どうぞご注意願います」というテロップが流されなければならない。 **FALSO**

④シルキアによれば，映画やテレビのタバコの場面は喫煙の悪習を助長する。 **VERO**

⑤タバコ会社は，シルキアの提案に対して反対キャンペーンをすでに始めている。 **FALSO**

⑥自分の患者に喫煙しないよう，うまく説き伏せる医師には報奨金が与えられる。　VERO

🔊 7　練習 7

Pasta, carne e verdura più cari del 29 per cento

ROMA - Quasi il 30 per cento in un anno : a tanto ammonta secondo l'Eurispes l'aumento dei prezzi dei generi alimentari registrato negli ultimi dodici mesi. Secondo l'istituto di studi politici economici e sociali, che ha condotto l'indagine insieme alle associazioni della Coalizione dei consumatori, l'incremento del costo dell'alimentazione per le famiglie italiane è stato del 29 per cento, ben al di sopra del 3,8 per cento misurato dall'Istat tra novembre 2001 e novembre 2002.

L'Eurispes ha utilizzato per l'indagine un metodo di calcolo diverso rispetto a quello utilizzato generalmente dall'Istat. Tuttavia, spiegano all'istituto di studi, volendo calcolare l'inflazione con lo stesso metodo dell'Istituto di statistica, la variazione risulterebbe comunque del 13 per cento, tre volte superiore a quella denunciata dall'Istat. Il ministro delle Attività produttive Antonio Marzano ha comunque ribadito che "l'Istat resta l'unica fonte ufficiale per la rilevazione dei prezzi".

Secondo le misurazioni dell'Eurispes, condotte su un paniere di 150 prodotti contro i 164 dell'Istat, gli aumenti maggiori hanno riguardato i prodotti ortofrutticoli (+51 per cento), con punte oltre il 60 per cento per le zucchine. Notevole anche l'incremento dei prezzi dei carboidrati, come il pane, la pasta e il riso, cresciuti in media del 20 per cento. Rincari del 37 per cento anche per il caffè e addirittura del 48 per cento per l'acqua minerale.

Fra gli alimenti proteici sono le uova a segnare l'aumento più consistente (+34 per cento), seguite dal pesce fresco (+28 per cento), dalla carne suina (+26 per cento), da quella di pollo e tacchino (+20 per cento) e infine da quella di bovino (+19 per cento). Incrementi superiori al 30 per cento registrano anche il prosciutto, il grana e il parmigiano, mentre per pelati e polpe pronte i prezzi sono cresciuti rispettivamente del 35 per cento e del 59 per cento.

L'inflazione, rileva ancora l'Eurispes, ha galoppato più rapidamente nelle città con oltre 100 mila abitanti (+34,6 per cento) che nelle piccole (+27,2 per cento). L'aumento è stato inoltre più evidente nell'Italia centrale (+44 per cento), dove hanno pesato in modo considerevole i rincari registrati a Roma e Firenze, rispetto al Nord (+33 per cento) e al Sud Italia (+25 per cento). Tra le tipologie di rivendita, a segnare gli aumenti più consistenti sono stati infine discount e supermercati, entrambi oltre il 30 per cento.

Insomma "gli aumenti dei prezzi - ha detto il presidente dell'Eurispes, Gian Maria Fara, presentando l'indagine statistica - sono generalizzati : la verità alla fine ha preso il sopravvento e oggi tutti siamo finalmente consapevoli di quanto l'introduzione dell'euro e soprattutto le spinte speculative dei commercianti siano costate agli italiani".

"L'aumento della spesa per l'alimentazione - ha aggiunto Fara - penalizza i consumi degli altri settori, anche di quelli che non hanno visto aumentare l'inflazione. Le aspettative del governo per il 2003 sono di un incremento dei consumi del due per cento, ma secondo noi non ci sarà : ci aspettiamo una sostanziale stagnazione che colpirà tutto il sistema produttivo". (*"http://www.repubblica.it/"* *2 gennaio 2003*)

① Secondo l'Eurispes, i prezzi aumentano più di quanto abbia calcolato l'Istat.
② Antonio Marzano critica l'Istat perché monopolizza i dati statistici.
③ Fra gli alimenti la verdura mostra il maggiore aumento.
④ L'inflazione è più consistente nelle grandi città che nelle piccole.
⑤ I prezzi aumentano più a Roma e a Firenze che nelle altre città italiane.
⑥ Nonostante l'inflazione, i prezzi restano gli stessi nei supermercati e discount.

⑦ Secondo Gian Maria Fara, i consumi nel 2003 non cresceranno quanto avrebbe previsto il governo.

語句と文法

a tanto ammonta：tanto は il 30 per cento を受けています。ammontare a ... で「(数量，金額等が)…におよぶ」の意味。

l'istituto di studi politici economici e sociali：Eurispes のことです(正式名称は，Istituto EURopeo di Studi Politici Economici e Sociali)。

volendo calcolare l'inflazione：条件を表すジェルンディオで，se volessero calcolare l'inflazione に相当します。意味上の主語は明示されていませんが，明らかに Eurispes の研究員たちです。

l'Istituto di statistica：これは Istat のことですね。

la rilevazione dei prezzi：「価格データの集計」

hanno pesato in modo considerevole：「かなり重くのしかかった」

gli aumenti dei prezzi ... sono generalizzati：
　価格の上昇が食料品のみならず，他の分野にも波及していることを意味します。

la verità alla fine ha preso il sopravvento：
　sopravvento とは本来船が帆に受ける「追い風」のことであり，prendere il sopravvento で「追い風を受ける，優位に立つ」の意味になります。具体的には di quanto 以下で説明されています。ユーロの導入とともに価格が上昇するかも知れないという業者の思惑や不安によって，値上げが既成事実化し，インフレーションが加速することを意味します。

penalizza：「ペナルティーを与える」の意味で，値上がりのしていない商品まで食料品の高騰のあおりを喰らい，消費者が購買を控えるという現象を意味しています。

大意

パスタ，食肉，野菜は29％の値上げ

(ローマ発) 一年で30％近く。エウリスペスによると，最近12カ月に記録された一般食料品類の値上げは，それ程の数値にも上る。消費者連合会との提携で調査を行ったこの政治経済社会学研究所によれば，イタリアの家族の食費支出の増大は29％であり，2001年11月から2002年11月のあいだに政府中央統計局(Istat)が算出した3.8％をはるかに凌ぐ。

エウリスペスは，調査にあたって，政府中央統計局とは異なった算出法を用いた。とはいえ，研究所の説明によれば，統計局と同じ方法でインフレーションを計算しようとしても，結果は13%に上ることになり，政府中央統計局の発表した数字の3倍も多い。製造業省大臣アントニオ・マルツァーノは，いずれにしてもこう反論する。「価格データの集計については，政府中央統計局が唯一の公式情報源であることには変わりはない。」

政府中央統計局の164品目に対し，150品目について行われたエウリスペスの調査によれば，もっとも値上げが大きいのは，野菜・果物(51%)。ズッキーニは60%も上昇した。パン，パスタ，米など炭水化物の値上げも甚だしく，平均で20%も上がった。コーヒーも37%，ミネラル・ウォーターにいたっては48%である。

タンパク源のなかでは，卵がもっとも着実に値を上げ続け(34%)，これに続くのは生魚(28%)，豚肉(26%)，鶏肉・七面鳥肉(20%)，そして牛肉(19%)。ハム，グラーナ，パルメザンチーズも30%を超える値上がりを示しており，一方ピールドトマトや加工されたトマトの果肉は，それぞれ35%，59%の値上がりである。

エウリスペスの明らかにしたところでは，インフレは小さな都市(27.2%)よりも人口10万人以上の都市(34.6%)で急速に進んだ。価格上昇は，北部(33%)や南部(25%)よりも，中部(44%)において顕著であり，ローマやフィレンツェで記録された価格上昇が，かなり響いた。小売りの種類別に見れば，もっとも着実な上昇を示したのは，ディスカウント店，スーパーであり，ともに30%を超える。

エウリスペスの代表，ジャン・マリーア・ファーラは言った。「値上げは広まっています。結局現実が優位に立ち，現在我々は皆，どれほどイタリア人がユーロの導入ととりわけ業者の思惑による後押しのツケを支払うことになったかに，気づいています。」彼は付け加えた。「食費の増大は，それ以外のすべての消費を，インフレの増大を見なかった分野の消費も含めてダメにしています。2003年の政府予測では，2%の消費増加ですが，我々の見るところでは，そのような増加はありません。実質的な停滞が予測され，生産システム全体を揺るがすでしょう。」

解答
①エウリスペスによれば，価格は政府中央統計局の算出よりも上昇している。
　　VERO
②アントニオ・マルツァーノは政府中央統計局のデータ独占を批判している。

FALSO
③野菜は食品のなかで，最大の値上げを示している。　VERO
④インフレは小都市よりも大都市において顕著である。　VERO
⑤価格は他のイタリアの都市よりも，ローマやフィレンツェで上昇している。　VERO
⑥インフレにもかかわらず，スーパーやディスカウント店では価格は抑えられている。　FALSO
⑦ジャン・マリーア・ファーラによれば，2003年の消費は政府の予測したほど伸びない。　VERO

練習 8

Euro non diventerà "euri"

Non ci saranno "euri" in Italia. L'euro non sarà declinato al plurale : lo ha sancito definitivamente il Senato, respingendo un emendamento alla Finanziaria presentato dal senatore dell'Udc, Renzo Gubert, che chiedeva di inserire da gennaio 2003 nei nuovi atti ufficiali delle pubbliche amministrazioni la denominazione al plurale della moneta europea. Ferma la reazione del sottosegretario all'Economia, Giuseppe Vegas, contrario alla modifica. "Possiamo dividerci su tutto" ha osservato "ma non sulle scelte dell'Accademia della Crusca". D'accordo con la decisione il vicepresidente del Senato, Roberto Calderoli, che presiedeva la seduta. "Meglio euro di euri" ha detto, "visto che ce ne sono pochi".
Natale D'Amico ha ricordato che non solo l'Accademia si è già pronunciata contro la declinazione al plurale "euri", ma anche il Consiglio della Bce spiegando che in questa ipotesi i plurali dei diversi membri dell'Unione sarebbero stati diversi. L'aula del Senato, rifiutando la proposta di modifica di Gubert, dovrebbe quindi aver detto l'ultima parola sull'argomento, anche perché del plurale per la nuova moneta si parla da tempo. In particolare dall'anno scorso, quando su un decreto del ministero del Tesoro pubblicato in Gazzetta Ufficiale apparse a sorpresa la parola "euri". Anche in quel caso ci si

richiamò alle indicazioni dell'Accademia della Crusca e della Bce.

Il problema se lo pose comunque già la Comunità europea quando si cercava il nome della nuova moneta unica. La decisione e l'indicazione fu : mantenere la forma invariata perché sarebbe stato più facile "chiamare" la moneta nelle diverse lingue della futura Eurolandia. Da allora si dice "gli euro". Ma poi arrivò il decreto del Tesoro e alcuni linguisti dettero ragione a via XX Settembre : "Bisognerebbe arrivare a dire 'gli euri' - spiegava il linguista Massimo Luca Fanfani dell'Università di Firenze - perché bisognerebbe attenersi all'uso che della parola fa la gente comune". Anche perché questo avrebbe dato "pari dignità" alla moneta unica che, almeno grammaticalmente, si sarebbe comportata come i dollari o marchi, variando al plurale.

Ma, si faceva anche notare, "euro" è più come un "prefissoide" ovvero si comporta come "la moto" che al plurale rimane "le moto" oppure come un "forestierismo" : il mango rimane i mango e il bingo non diventa "i binghi". In ogni caso nel '98 la disposizione della Commissione Ue fu che "euro" è un nome comune maschile, invariabile e scritto con l'iniziale minuscola. Il cent segue le stesse regole della parola euro, mentre l'abbreviazione, EUR in tutte le lingue, va scritta tutta in maiuscolo. Di conseguenza si dovrebbe dire "gli euro" e non "gli euri" e "i cent" e non "i cents".

(*"http://www.repubblica.it/"* 18 dicembre 2002)

In questo articolo si dice che :

① Gubert è contrario all'idea che la parola euro abbia il plurale.
② l'Accademia della Crusca sostiene la proposta di Gubert.
③ il Senato non ha accettato la proposta di Gubert.
④ nella Gazzetta Ufficiale la parola euro è apparsa declinata.
⑤ Massimo Luca Fanfani approva l'indicazione dell'Accademia della Crusca.
⑥ secondo la Commissione Ue, "l'euro" deve rimanere "gli euro".

語句と文法

lo (ha sancito ...)：前文（L'euro non sarà declinato al plurale）の内容を受けます。

Finanziaria：「予算委員会」

Udc (Unione Democristiana e di Centro)：「民主キリスト教中道連合」

Ferma la reazione：動詞èが省かれています。

dividerci su tutto：「すべてに関して意見が分かれる」

Accademia della Crusca：「アッカデーミア・クルスカ（クルスカ学会）」
　　　1583年に設立され，イタリア語の純正を守ろうとする言語学会。

Bce (Banca Centrale Europea)：「欧州中央銀行」

(dire) l'ultima parola sull'argomento：「議論にケリをつける」

Il problema se lo pose comunque già la Comunità europea：
　　　se lo は si と lo が組み合わされた結果であり，再帰代名詞 si は間接補語です。Il problema は直接補語ですが，文頭に置かれ，強調されています。そして lo はこの直接補語（男性単数）を受け直しています。

perché sarebbe stato più facile：
　　　過去における未来ということで，条件法過去が用いられています。

dettero ragione a via XX Settembre：文字通りには「9月20日通りのために弁護する」ということですが，「9月20日通り via XX Settembre」とはこの通りに面する財務省のことです。

questo avrebbe dato "pari dignità" alla moneta unica：
　　　「このことは『対等の権威』を統一通貨に与えただろうが」
　　　過去の事実に反する仮定節（たとえば se la parola euro avesse preso il plurale）の省略された，帰結文と考えられます。後続の si sarebbe comportata come i dollari o marchi も同様です。

"prefissoide"：合成語の第一成分（ここでは la motocicletta が la moto と言われ，その複数形が le moto であるという具体例で説明があります）

Commissione Ue (Commissione europea)：「欧州委員会」
　　　なお，Ue は Unione europea（欧州連合）のことです。

大意

エウロは「エウリ」にならない模様

イタリアでは，「エウリ」は存在しない模様。エウロが複数に変化することはなくなった。これは，上院が最終決定したもので，民主キリスト教中道連合の上院議員レンツォ・グベルトが財務委員会に提出した修正案は却下された。

議員は，2003年1月から公共機関の公文書に，欧州統一通貨の複数形を載せることを求めていた。この修正に反対した経済政務次官ジュゼッペ・ヴェガスの反発は強固であった。「あらゆることについて，我々の意見が分かれることはあり得るが，アッカデーミア・クルスカの選択に関して分かれることはない。」彼は，委員会の議長を務めていた上院副議長のロベルト・カルデローリの決定に賛成であった。いわく，「エウロの方がエウリよりもよい。複数形にするほど(イタリア人は)エウロを持っていないのだから。」

ナターレ・ダミーコは，アッカデーミア・クルスカだけでなく，欧州中央銀行の委員会も「エウリ」という複数変化に異議を唱えることを指摘し，この線で行けば，欧州連合参加国の複数形もさまざまになってしまうと説いた。上院議会はグベルトの修正提案を拒否したので，これで議論は一件落着となるはずであろう。そもそも新通貨の複数については，だいぶ以前から論議がなされているからである。とくに，官報に発表された財務省の通達に，突如として「エウリ」が現れた昨年からこの話は続いている。このときも，アッカデーミア・クルスカと欧州中央銀行の方針が引き合いに出された。

ともかく，新通貨の名前を検討しているときに，この問題はすでに欧州共同体で提起済みである。決定及び方針は，将来のエウロランディア(欧州連邦)において，さまざまな言語で通貨を「呼ぶ」ことがより容易になるために，語形を変えないということである。以来「リ・エウロ」と呼ぶのである。しかし，それから例の財務省の通達があり，ある言語学者たちは9月20日通り(＝財務省)に味方した。フィレンツェ大学の言語学者マッシモ・ルーカ・ファンファーニは，こう説明していた。「必然的に『リ・エウリ』となるはずである。というのも，一般の人々が言葉から生み出す用法に準拠するべきものだから。」加えて複数変化により，少なくとも文法的にはドルやマルクのように振る舞うことになる統一通貨には，「同等の権威」が与えられることにもなったはずだから。

だが，これも指摘されていたことであるが，「エウロ」はより一層合成語の第一要素的な存在であり，単数でも複数でも「モート」のまま留まる「モート」と同じか，あるいは外来語として振る舞うものである。マンゴーは複数になってもマンゴーであり，ビンゴはビンギとはならない。いずれにせよ，1998年の欧州委員会の規定は，「エウロ」は男性普通名詞であり，変化せず，小文字で書き出すというものだった。セントもエウロという語と同じ法則に従う一方，略語のEURはどの言語でも大文字で表記せねばならない。結果として，「リ・エウロ」と言わなくてはならないはずで，「リ・エウリ」ではない

のである。そして「イ・セント」であり，「イ・センツ」ではないのである。

解答
①グベルトはエウロの語が複数形を持つべきだという考えに反対である。
　FALSO
②アッカデーミア・クルスカはグベルトの提案を支持する。　FALSO
③上院はグベルトの提案を受け入れなかった。　VERO
④官報ではエウロの語は語形変化を被っている。　VERO
⑤マッシモ・ルーカ・ファンファーニはアッカデーミア・クルスカの方針を認める。　FALSO
⑥欧州委員会によれば，「エウロ」は単数でも複数でも「エウロ」である。
　VERO

練習9

Sul caffè non si riesce a dire l'ultima parola. Ogni volta che si cerca di inquadrarne le proprietà, la bevanda stimolante più diffusa al mondo riserva sempre qualche sorpresa e l'ultima arriva dalla Svizzera.
La caffeina potrebbe non essere responsabile degli effetti eccitanti sul cuore che comunemente le vengono attribuiti e che orienta la scelta di molti consumatori verso la formula decaffeinata.
La ricerca, ideata dal cardiologo Roberto Corti dell'ospedale universitario di Zurigo è di piccole dimensioni ma è stata pubblicata da *Circulation*, la rivista dell'American Heart Association. Vale quindi la pena darne conto.
L'esperimento in sé non era particolarmente originale: sono stati ingaggiati 15 individui volontari sani tra i 27 e i 38 anni, di cui solo sei potevano essere definiti consumatori abituali di caffè. Gli altri nove erano invece usi a berne solo una tazza ogni tanto o addirittura mai. A tutti i partecipanti è stata misurata la pressione arteriosa, la frequenza cardiaca e l'attività nervosa simpatica da cui dipendono, in larga misura, i due precedenti parametri. Per registrare eventuali variazioni dei valori di funzionalità cardiaca, il rilevamento è stato compiuto sia prima sia dopo aver offerto un triplo espresso normale,

oppure un triplo espresso decaffeinato. Nessuno dei soggetti coinvolti nell'esperimento sapeva se stava assumendo o meno caffeina.

I risultati : a distanza di un'ora, la pressione sistolica (la massima) dei consumatori saltuari di caffè è aumentata di 12 mm di mercurio anche dopo la somministrazione del decaffeinato. Negli altri, nei bevitori abituali, invece, la pressione arteriosa non ha subìto variazioni né con l'espresso classico, né con il decaffeinato, sebbene il sistema nervoso autonomo risultasse comunque stimolato dalla bevanda.

"Il nostro studio dimostra che il caffè può produrre un effetto eccitante a prescindere dalla presenza di caffeina. Nella miscela aromatica ci potrebbero quindi essere altre sostanze responsabili della stimolazione nervosa di cui ignoriamo le caratteristiche" conclude Corti. "Sappiamo per certo, invece, che la consuetudine a bere il caffè aiuta a smorzare i suoi effetti eccitanti e questo spiega il mancato rialzo della pressione in chi è abituato a prenderlo tutti i giorni. Il fenomeno si chiama tolleranza e si riassume con una riduzione progressiva dell'effetto a fronte dell'assunzione prolungata nel tempo di una stessa quantità di sostanza. Di caffè, nel caso in questione, ma vale anche se si tratta di un medicinale o di un veleno, come dimostra la storia del re Mitridate".

("*http://www.espressonline.it/*" 11 dicembre 2002)

Secondo questo articolo,
① l'esperimento di Roberto Corti è stato condotto negli Stati Uniti.
② tutti i partecipanti all'esperimento avevano l'abitudine di bere il caffè ogni giorno.
③ i partecipanti non sapevano se avrebbero bevuto l'espresso normale oppure il decaffeinato.
④ la pressione arteriosa si è alzata a tutti quelli che avevano preso l'espresso.
⑤ chi prende il caffè ogni giorno non ha avuto alcun rialzo della pressione arteriosa né dopo l'assunzione dell'espresso né dopo quella del decaffeinato.

⑥ Corti ammette l'esistenza della tolleranza al caffè, ma non a un medicinale o a un veleno.

語句と文法

le vengono attribuiti：他動詞 attribuire は直接補語の他に間接補語もとります。attribuire a A B で「AにBを帰する」の意味になります。ここでは attribuire は受動態になっており，le（間接補語人称代名詞3人称単数）は alla caffeina を表します。

che orienta la scelta：「選択を方向づける」
　先行詞は (de)gli effetti eccitanti ですから，文法的には本来 orientano とすべきところです。

la formula decaffeinata：formula には「化学式」の意味がありますから，「カフェインを含まない化合物」のことです。

valere la pena：「するだけの値打ちがある」

darne conto：dare conto di ... は「…を説明する，報告する」を意味する熟語であり，ここでは ne は di＋la ricerca を指します。

consumatori abituali di caffè：「コーヒーの習慣的飲用者」

i due precedenti parametri：具体的には，la pressione arteriosa と la frequenza cardiaca を意味します。

Per registrare eventuali variazioni dei valori di funzionalità cardiaca：
　直訳すれば「心機能の数値の，場合によって起こりうる変化を記録するために」ということで，具体的には血圧や心拍数などの測定を表します。

la somministrazione：ここでは「服用」，「摂取」

per certo：「確実に」di certo とも言います。

Di caffè, nel caso in questione：動詞 essere が省略されています。「問題の件では，それはコーヒーの耐性ということになります」

come dimostra la storia del re Mitridate：ミトリダーテ王（ラテン語では Mithridates［ミトリダーテース］）は紀元前1世紀のポントス（黒海周辺地域）を治めた王で，ローマの版図拡大に対抗した人物です。毒による暗殺を防ぐために，日常的に少しずつ服毒し，毒に対する抵抗力を高めたことが知られています。

大意

コーヒーに関して，結論を下すことはできない。その本質を規定しようとす

るたびに，世にもっとも普及した刺激的な飲物は，常に驚くべき事実を明かさずにいる。最新の驚くべき事実は，スイス発である。

通常はカフェインのせいにされ，多くの消費者をデカフェインの化合物へと誘う心臓におよぶ興奮作用は，カフェインのせいではないかもしれない。

研究は，チューリヒ大学病院の心臓外科医ロベルト・コルティによって計画され，規模は小さいものだが，アメリカ心臓協会の雑誌，『サーキュレーション』に掲載された。したがって，報告する価値はある。

実験それ自体は，特別独創的なところはない。27歳から38歳までの健康な人々が15人集められたが，コーヒーの習慣的飲用者と言いうるのはそのうちの6人だけだった。他方，それ以外の9人は，ときどき一杯だけ口にするか，あるいはまったく飲む習慣がなかった。すべての実験参加者の血圧，心拍数，これら2つの変数値が概して依存する交感神経の活動が測定された。心機能の数値の変化を記録するために，3杯分のエスプレッソ・コーヒーを与えた前後および3杯分のデカフェインを与えた前後に測定は行われた。被験者は誰も自分がカフェインを摂取しているか否かを知らなかった。

さて，結果は以下のようになった。一時間たったのち，一時的飲用者の心臓収縮期の血圧（最高血圧）は12上昇し，それはデカフェインコーヒーを与えられた場合でも同様。彼ら以外の者，つまり習慣的飲用者では，エスプレッソでもデカフェインでも，自律神経系が刺激を受けることこそあれ，血圧が変動を被ることはなかった。

「我々の研究は，コーヒーがカフェインの存在とは関係なく，刺激効果をもたらすことを示しています。ということは，香りの混合に何か神経を興奮させる他の物質があるのかもしれません。その性質については，わかりませんが。」コルティはこのように結論を述べる。「とはいえ，我々に確実にわかっていることは，コーヒーを飲む習慣が興奮の効果を弱めるのを助けていることであり，このことは毎日コーヒーを飲む習慣を持つ人々に血圧上昇がないことを説明します。この現象は耐性と呼ばれます。同量の物質を長い間摂取し続けると，それに比例して効果は漸次的に減退し，耐性が獲得されるのです。問題となっているケースでは，コーヒーの耐性ということになりますが，でもミトリダーテ王の話が示しているように，このことは薬や毒の場合にもあてはまります。」

解答
①ロベルト・コルティの実験は，アメリカ合衆国で行われた。　FALSO
②すべての実験参加者は，毎日コーヒーを飲む習慣を持っていた。　FALSO

③実験参加者は，自分がエスプレッソ・コーヒーを飲むのか，デカフェインを飲むのかを知らなかった。　VERO
④エスプレッソを飲んだ人すべての血圧が上昇した。　FALSO
⑤コーヒーを毎日飲んでいる人には，エスプレッソを飲んだ後も，デカフェインを飲んだ後も血圧上昇が起こらなかった。　VERO
⑥コルティは，コーヒーについては耐性があるが医薬品や毒には耐性はないと言っている。　FALSO

練習10

Lavoro nero

ROMA - È un'Italia che lavora ma di cui non si sa nulla. È un pezzo consistente della ricchezza nazionale che resta nell'ombra. Sono migliaia di lavoratori senza tutele né diritti, e centinaia di datori di lavoro che non pagano contributi e assistenza sanitaria. È il lavoro sommerso. Che come dimostrano i dati forniti oggi dall'Agenzia delle Entrate, non è solo un problema del sud.

I primi risultati del piano straordinario di accertamento, al quale ha collaborato anche la Guardia di Finanza, il ministero del Lavoro, Inps e Inail, parlano chiaro : su 21.199 controlli effettuati sono state riscontrate 13.151 irregolarità. In media ogni 100 controlli sono emerse 62 posizioni in "nero", con una percentuale più alta al sud (76%), dove sono state controllate 5.210 posizioni riscontrando ben 3.957 infrazioni. Percentuale più alta della media anche nelle isole, dove il 63,6% dei controlli ha rivelato posizioni sommerse, mentre al centro e nel nord est circa 6 lavoratori su 10 sottoposti a verifica sono risultati in nero. La palma della regolarità va invece al nord ovest, dove a fronte di 5.722 accertamenti eseguiti sono state scoperte "solo" 2.865 posizioni irregolari, con una media dunque di poco superiore al 50%.

È ovvio che le verifiche sono state fatte nelle realtà più a rischio sommerso, contattando per esempio i lavoratori stranieri, e seguendo comunque sempre un piano mirato di interventi realizzato grazie all'incrocio di dati e alla collaborazione delle amministrazioni locali. Fatto sta che se da un lato i dati confermano la bontà del metodo dei controlli, dall'altro fotografano una realtà pesante e dura da estirpare, malgrado le politiche avviate negli ultimi anni per favorire l'emersione dal sommerso.

"L'attività di contrasto - spiega così l'Agenzia delle Entrate - verrà ulteriormente potenziata durante i prossimi mesi", anche in quei settori già sottoposti al maggior numero di verifiche: commercio, riparazione auto, vendita di beni per la casa, alberghi, ristoranti, aziende manifatturiere e costruzioni.

("*http://www.repubblica.it/*" *26 novembre 2002*)

In questo brano si dice che:
① i dati sul lavoro nero in Italia sono forniti dall'Agenzia delle Entrate in collaborazione con la Guardia di Finanza, il ministero del Lavoro, Inps e Inail.
② è più bassa la percentuale di chi lavora in "nero" nelle isole rispetto alla percentuale media in tutta Italia.
③ i lavoratori stranieri non sono stati controllati.
④ al piano di accertamento non manca la collaborazione delle amministrazioni locali.
⑤ le posizioni irregolari stanno diminuendo grazie alle politiche condotte negli ultimi anni.

語句と文法

È un'Italia che lavora … È un pezzo consistente della ricchezza nazionale che … Sono migliaia di lavoratori …: イタリアの闇労働(il lavoro sommerso もしくは il lavoro nero)を定義する文になっています。

di cui non si sa nulla: cui の先行詞となるのは，un'Italia です。

Che come dimostrano i dati … non è solo un problema del sud.:
　　Che は，直前の文の il lavoro sommerso を先行詞とする関係代名詞のような働きを示しています。

il sud: 本来は il Sud と大文字表記して，「南部イタリア」を意味します。しかし，新聞，雑誌記事では，しばしば小文字表記も見られます。後に

出てくる il Nord, il Centro なども同様です。
Inps (Istituto Nazionale Previdenza Sociale)：「国立社会保障機構」
Inail (Istituto Nazionale per l'Assicurazione contro gli Infortuni sul Lavoro)：「国立労働災害保険機構」
sono state riscontrate 13.151 irregolarità：このパラグラフで後に出てくる, ... sono risultati in nero や sono state scoperte "solo" 2.865 posizioni irregolari の類似表現です。
le verifiche：ここでは accertamenti や controlli と同義です。
(nel)le realtà più a rischio sommerso：「もっとも闇労働の危険性のある現実」

    a rischio sommerso は a rischio **di lavoro** sommerso を簡略化した表現だと考えられます。

un piano mirato di interventi：具体的には，第2パラグラフ冒頭の piano straordinario di accertamento のことです。
un piano 〜 realizzato grazie a ...：「…のおかげで実現した計画」
Fatto sta che ...：「つまり…ということになる」
malgrado le politiche avviate negli ultimi anni ... ：
    「(闇から明るみに出すことを支援するために，)ここ数年手がけられてきた政策にもかかわらず」

大意

闇労働

(ローマ発) それはイタリアの労働の一部だが，その実態は何もわからない。国富のある一定の部分ではあるが，闇に潜んだまま存在する。何千という保護も権利も持たない労働者であり，社会保障分担金や健康保険を払わない何百という雇用主である。それは闇労働であり，歳入部局が今日提供した統計の示すように，単に南部だけの問題ではない。
実態調査の特別計画による最初の結果報告は，財務警察，労働省，国立社会保障機構，国立労働災害保険機構の協力によるものであり，以下のことを如実に語る。監査の行われた21199件のうち，13151件が不法と判明した。100件の監査を行えば，平均して62件が「クロ」であった。南部がもっとも高い割合を示しており (76%)，5210件の監査を行い，なんと3957件が不法就労であった。島嶼部においても平均値より高い数値を示し，63.6%は闇労働であることがわかった。他方，中部および北東部では，監査対象となった約10人に6人がクロと判明した。手入れは北西部にもおよぶが，そこでは5722の調査

のうち2865「しか」違反とは認められなかった。つまり平均値は，50％をほんの少し超える程度ということになる。

たとえば外国人労働者に事情聴取したり，当初の監査方針を順守することによって，調査は明らかに闇労働の危険性のもっとも高い現実について行われたのである。調査計画の実現は，さまざまな統計の総合と地方行政機関の協力の賜物である。一方で統計は監査の方法が適正であることを証明しているが，他方では重く根絶やし難い現実をまざまざと映し出している。ここ数年，闇労働を明らかにすることを奨励するような政策が手がけられてはいるにもかかわらず，である。

歳入部局はこう説明する，「政策に逆行する動きは，これから数カ月のあいだに一層加速していくことでしょう。」事情は，すでにもっとも監査が集中した分野（商業，自動車修理，不動産販売，ホテル，レストラン，手工業，建設業）でもやはり同じである。

解答

① 闇労働の統計は，歳入部局が財務警察，労働省，国立社会保障機構，国立労働災害保険機構の協力を得て示している。　VERO
② 島嶼部で闇労働している人のパーセンテージはイタリア全土の平均パーセンテージよりも低い。　FALSO（全土の平均は62％であるのに対し，島嶼部では63.6％）
③ 外国人労働者は監査を受けていない。　FALSO（contattando per esempio i lavoratori stranieri とあるので）
④ 実態調査には，地方行政機関の協力が欠けるものではない。　VERO
⑤ 不法就労は，ここ数年行われた政策のおかげで減少しつつある。　FALSO

第12章　作文問題

出題傾向

文法的に誤りがなく，綴り字のミスのない正確な文章を書くことが要求されていることは言うまでもありません。しかし，イタリア語検定の作文にあっては，それだけでは十分とは言えません。過去数年間の出題傾向を見ると，2級では特定の状況設定や特定のテーマが課され，それに基づいた作文が主流になっています。使用語数に指定がある場合もありますが，だいたい150語から200語をめどにまとめることを考えてください。

過去の出題例を見てみましょう。

1998年
　仲のよい従姉妹が結婚することになったが，式に出られず，そのことを詫びる手紙（状況設定型）

1999年
　あなたの家に滞在することになったイタリア人の学生への手紙（状況設定型）

2000年
　理想の都市の描写（規定語数70～200語）（テーマ型）

2001年
　あなたのところでヴァカンスを過ごすことになった友人への手紙（規定語数70～200語）（状況設定型）

2002年
　忘れることのできない初めての体験（規定語数140～180語）（テーマ型）

状況設定型作文で要求されるのは，ある程度の想像力です。「物語を作

る力」と言ってもよいかも知れません。実際に仲のよい従姉妹がお嫁に行った経験をお持ちの方は，1998年のような課題に対してリアリティのある文章を書くこともできるでしょう。しかし，そのような体験がない場合は，やはり想像力を働かせて「物語を作る」より他はないのです。あからさまに言えば，イタリア語で上手に嘘をつく能力があるか否かが問われていることになります。作文の時間に私たちの多くは，出来事にせよ心理状態にせよ，ありのままに綴ることを教えられてきました。虚構の世界に真実性を与えるということ，これは作家でもない限り大半の日本人にとっては困難なことです。しかし西洋の修辞学の伝統においては，ごくふつうに行われてきました。イタリア人にとっても，べつに新奇なことではありません。作文教育の伝統に関する日伊の違いを意識する必要があります。

テーマ型作文の場合，与えられた課題に日頃から関心を抱いていれば，書きやすいはずです。たしかに，話題豊富でいろいろなことに興味を持っていれば有利でしょう。しかし，あらゆる事柄について関心を抱くことは不可能です。だとすれば，少々強引ですが，自分の関心領域に課題を引き寄せてしまうことも必要になります。たとえば，2000年の課題の場合，環境問題に興味があるという方は環境保護対策という点から，理想の都市のあり方について述べることも可能です。しかし，2002年のような課題はかなり自由度が高く，最初から自分の経験について語ることが求められています。一見誰にでもできそうなことですが，読み手に面白いと思わせるような気の利いた文章を綴ることは容易なことではありません。人に聴かせるような面白い経験談は何もない，語るべき自己はないのだと頭を抱え込んでしまう方もいらっしゃるでしょう。こんなときは，ある程度のフィクションも必要になります。ああ，やはり上手に嘘をつく才能が必要だなと，痛感するわけです。

対策・勉強方法など

書くという行為には，ともすると自分が出てしまい，結局自分の体験が一番頼りになるというのが私の偽らざる実感です。もしまとまった文章に仕上がれば，それでもよいことになりますが，そうでない場合は想像

力が鍵になります。したがって自分の関心領域や体験を的確に語る訓練に並行して，突拍子もない嘘をつく練習も必要になります。一つの問題に取り組むにしても，いろいろな解答の方向性や可能性があります。過去問を解く際には，一つ書いて満足するのではなく，いろいろな解答を試みてください。

普段の練習では，和伊辞典を使って機械的に組み立てるのではなく，できるだけイタリア人の表現を模倣してください。実際に使われている表現を取り入れ，応用して書いてみるべきです（そのためにも読書やリスニングは重要なのです）。そして書き上げたものをネイティブに読んでもらい，添削と批評を受けるというのが理想的です。もし，周囲に頼りになるイタリア人がいないのならば，1級や2級を目指す友人に読んでもらうというのが次善の策です。できるだけ辛辣な人を選ぶことは，言うまでもありません。ともかく，実践とそれに対する徹底した反省が肝要です。

イタリア語で日記を書くことは，よく推奨される修行ですが，私の個人的な考えによれば作文能力の養成にはあまり有効ではありません。日記の文章はともするとワンパターンに流れ，自分の殻に閉じこもった閉鎖的なものになってしまいます。また毎日書くということが災いし，使用語彙が貧困になり，構文が稚拙かつ粗雑なものにもなりがちです。平気でいい加減な文章を書く，悪しき習癖につながります。むしろ(イタリア人の友人がいればの話ですが)手紙や電子メールを書くのがよいでしょう。あるいは1週間に一つのペースで十分ですから，常に読み手の存在を前提としたエッセー(200語程度)を書く方が理に適っています。過去問に取り組むにしても，実際の制限時間にこだわらず，辞書，参考書，例文集などあらゆるものを駆使し，苦心惨憺して書き上げるべきです。

本書に載っている例題や過去問に十分に取り組み，もう解く問題がなくなったという方は，自分で出そうな問題を作って練習してみてください。練習の段階では，できるだけ冒険をしましょう。それまで知らなかったり使ったことがなかったけれど，イタリア人が実際に用いており，自分の書いている文章にも応用できそうだと思った語句，構文，修辞はどん欲に取り入れ，積極的に文章表現の幅を広げることに努めてください。逆に試験本番では，自分が慣れ親しみ，自信をもって使える表現で切り抜けた方が無難です。

練習 1

Scriva una lettera ad un personaggio famoso italiano, contemporaneo o storico.

解答例

イタリアの有名人に手紙を書きなさい。相手は現代人でも歴史的人物でもよい。

Illustrissimo Maestro Fellini,
 sono una Sua ammiratrice da quando ho visto uno dei Suoi film: "Otto e mezzo". Ho visto anche altri Suoi film, ma non tutti. Per questa ragione, anche, non sarei in grado di discutere dei Suoi lavori. Ciò che posso dire è che ogni volta che vedo "Otto e mezzo", mi commuovo e continuo a provare il desiderio di rivederlo ancora. Le chiedo scusa se esprimo la mia ammirazione in modo così impacciato e non del tutto adeguato. Non dico di poter affermare di essere in grado di comprendere il film nel suo significato, ma ogni scena mi sembra accurata, profonda e piena di provocazione e satira nei riguardi del mondo, della società e della storia. Particolarmente suggestiva per me è la bellissima e poetica scena introdotta come ricordo d'infanzia del protagonista: sulla spiaggia lui balla la rumba con una donna grossa considerata posseduta dal diavolo. Anche la musica è in perfetta armonia con la bellezza dell'immagine. Non so se la mia opinione sia corretta, ma in questa scena indimenticabile sento il fascino proprio forse, soltanto, di una persona emarginata dalla società. Ho notato che nel film "La Strada" c'è il medesimo modo di sentire per questo tipo di persona.
 Adesso la condizione del cinema italiano mi sembra un po' triste. Certamente ci sono bei film, ma non così pieni di buona satira come i Suoi. Compiango sempre la Sua scomparsa. Lei cosa pensa della situazione attuale del cinema italiano?
 In attesa di una Sua risposta, Le porgo i miei distinti saluti.

(使用語数255)

語句と文法

da quando ... :「…以来」
essere in grado di ＋ 不定詞(...) :「…することができる，…する能力がある」
ogni volta che ... :「…のたびに」
commuoversi :「感動する」
provare il desiderio di ＋ 不定詞(...) :「…したい気持ちを覚える」
Le chiedo scusa se ... :「もし…だとすれば誠に申しわけありません」
ogni scena mi sembra accurata, profonda e piena di provocazione e satira :
　　「すべての場面は入念に作られ，挑発と諷刺に満ちているように思われる」
nei riguardi di ... :「…に関して」
Particolarmente suggestiva per me è ... :「とくに私が好きなのは…です」
essere in perfetta armonia con ... :「…と完璧に調和している」
una persona emarginata dalla società :「社会から疎外された人物」
In attesa di una Sua risposta, Le porgo i miei distinti saluti. :
　　フォーマルな手紙の結びの言葉です。

大意

高名なるフェリーニ監督

監督の作品の一つである『8½』を見て以来，私は監督のファンです。他の作品も見ましたが，全部は見ておりません。ですから，私には作品を論じる資格はないでしょう。私が言えることは，『8½』を見るたびに，感銘を受け，もう一度見たいという気持ちを抱き続けることです。自分の感動をこのように稚拙な，まったく不適切な言葉でしか表現できないとすれば，誠に申しわけありません。私はこの映画をほんとうの意味で理解できているかどうかわかりませんけれど，すべての場面は入念に作られ，世間，社会，歴史に対する挑発と諷刺に満ちているように思います。とりわけ私が好きなのは，主人公の子供時代の思い出として挿入されたとても美しく，詩的なシーンです。浜辺で彼はルンバを踊るのですが，相手は悪魔に取り憑かれていると思われている太った女性です。音楽もこの映像の美しさとぴったりでした。私は自分の意見が正しいかどうかわかりませんが，この忘れられないシーンには，社会から疎外されている人物だけが多分持っているような魅力を感じるのです。『道』にも，このような人物に対する同様な視点があることに気づきました。

現在のイタリア映画の状況は，私には少し寂しく思われます。もちろんよい

映画はあります。しかし監督の作品ほどすぐれた諷刺に満ちたものはありません。監督のご逝去が残念でなりません。監督は今のイタリア映画の状況をどう思っていらっしゃるのでしょうか？　お返事をお待ち申し上げております。

敬具

解説

手紙は手紙でも，友人ではなく，面識のない有名人に宛てるものです。したがって，相手にはもちろん Lei を用いるべきですし，Lei を使って話す人に対する礼儀作法は守るべきです。

どんな人物を選ぶべきでしょうか？　有名人に手紙を書くというのは，滅多にないことですが，もし書くとすれば，相手に対してよほど好意を持っているか，特別な関心を持っているかです。ファンレターのようなもので構わないわけですが，相手に対する憧れの気持ちや興味が本物であることを明示する必要があります。憧憬や関心が本物ならば，当然相手のことは細かなことまでよく知っているはずです。逆に言えば，具体的なことが何も書けそうにもない相手には，ファンレターは出せないということになります。もし相手が映画監督であれば，その作品についての思い入れを具体的に書くべきでしょう。ある特定の場面を取り上げ，なぜそこに思い入れを抱くのかを述べるというのが上の解答例です。

評価のポイントとなるのは以下の4点です。
① 有名人に手紙を出すという形式は守られているか。
② 相手に対する礼を失していないか(読んでいるうちに相手が立腹し，最後まで読んでくれそうにないものはダメ)。
③ 相手に対する憧憬が本物であるかどうか(具体的に何に対して敬服しているか述べられているかどうか)。
④ 今そのような手紙を書く必然性が感じられるか。

解答例はイタリア映画の「寂しい状況」を引き合いに出し，④を満たそうとしていますが，このポイントに関してはちょっと弱いかもしれません。

練習2

Uno/a Suo/a amico/a italiano/a Le ha mandato un regalo di compleanno. Gli/Le scriva una lettera di ringraziamento.

解答例

イタリアの友人があなたに誕生日プレゼントを送ってきました。その人にお礼状を書きなさい。

Cari Maria e Michele,
prima di tutto vi ringrazio per il cd di Lucio Dalla, che è uno dei miei cantanti preferiti. Ogni giorno lo ascolto quando vado in macchina. Ascoltando quelle bellissime canzoni, avverto un po' di nostalgia dei giorni felici trascorsi insieme. Non dimenticherò mai le feste da voi, le belle gite che avete organizzato per me, e il vostro invito a teatro per assistere ad un'opera lirica. Grazie a voi, conservo un ricordo bellissimo e caro della mia permanenza a Venezia.
Vorrei tornarci, ma adesso sono molto occupato con il lavoro. In questo momento non posso lasciare il Giappone per un lungo periodo. Nonostante ciò penso spesso a voi e non vedo l'ora di rivedervi. Se volete venire voi in Giappone, vi ospiterò volentieri a casa mia. Vi accompagnerò dovunque vogliate andare. Vi vorrei presentare la mia fidanzata, Chikako. Spesso le parlo di voi, del mio soggiorno a Venezia, e lei vorrebbe conoscervi. Anche Chikako studia italiano e ama la cultura italiana. Speriamo di incontrarci tutti insieme il più presto, in Giappone o in Italia.
Tanti saluti a voi e alle vostre famiglie.

Hideo
（使用語数188語）

語句と文法

prima di tutto:「何はさておき，まず最初に」
ringraziare 人 per ...:「〈人〉に…について感謝する」
avvertire nostalgia di ...:「…について懐かしさを覚える」
conservare un ricordo bellissimo di ...:
　「…についてとてもよい思い出を持つ」
Nonostante ciò:「それにもかかわらず」
non vedo l'ora di＋不定詞(...):
　「…するときを待ちわびる，楽しみにしている」

dovunque vogliate andare:「君たちの行きたいところはどこへでも」
　　関係代名詞 dovunque の導く節のなかでは接続法が使われます。

大意

親愛なるマリーア，ミケーレ
　何はさておき，ルーチョ・ダッラのＣＤをどうもありがとう。彼は私の大好きな歌手の一人です。毎日，車に乗るとき，これを聴くことにしています。素敵な曲を聴いていると，君たちと一緒に過ごした楽しかった日々が何だか懐かしく思われます。お宅でのパーティー，連れて行ってくれたドライブ，オペラを見ようといって劇場に誘ってくれたことは忘れることはないでしょう。君たちのお陰で，ヴェネツィアの滞在はとてもよい思い出になりました。ヴェネツィアにはまた行きたいと思っていますが，今は仕事があって忙しくしております。今のところ，長期間日本を離れることはできません。とはいえ，私は君たちのことをいつも思い，再会する日を待ちわびています。もし君たちが日本に来たいと思うならば，よろこんで我が家にお迎えしますよ。君たちの行きたいところは，どこでも案内します。君たちに私の婚約者，千佳子を紹介できればと思っています。彼女には君たちのこと，私のヴェネツィア滞在のことをよく話します。そして，千佳子は君たちと友達になりたいと思っています。彼女もイタリア語を勉強し，イタリア文化を愛好しています。イタリアであれ，日本であれ，できるだけ早く皆で会うことができるように願っています。お元気で。ご家族の皆様にもよろしくお伝えください。
　　　　　　　　　　　　　　　　　　　　　　　　　　　　　　　　英男

解説

　誕生日プレゼントに対する礼状という設定ですから，何を贈られたのかを具体的に決めましょう。ただ，贈り物に対するお礼の言葉を述べるだけでは，すぐ手紙が終わってしまいます。話がふくらむように，与えられた設定以外に独自の想定を付け加えて文章を構成するのがよいでしょう。上の解答例でいえば，友人にはイタリア滞在中にもいろいろと親切にしてもらったという想定がこれにあたります。プレゼントのＣＤを聴いていると，一緒に過ごした日々を思い出し，イタリアが恋しい，君たちに再会したいという気持ちが募る，という展開にしてみました。
　この手の課題には，かなり自由な想定が許されていますので，書きやすく，まとまりやすいように「話を作って」みてください。

練習3

Se Lei potesse rimanere in una città italiana per un anno, quale città preferirebbe ? Scriva perché la sceglie e che cosa vuole fare durante la permanenza.

解答例

もし1年間イタリアの町に滞在できるとすれば，どこを希望しますか？ なぜその町を選び，何を滞在中にしたいかを書きなさい。

Palermo è la città in cui preferirei vivere, perché credo che questa città ricca di storia abbia monumenti che riflettono diversi periodi culturali più di ogni altra città italiana. Forse un solo anno non basta per vederla completamente.

Di certo ci sono tanti monumenti da visitare assolutamente, ma a me piacciono soprattutto quei palazzi e monumenti che presentano un'architettura di stile normanno. Vorrei vedere senza fretta la Cattedrale, la chiesa di S. Giovanni degli Eremiti nota per il suo chiostro straordinario, la Martorana e il Palazzo Reale. In quest'ultimo mi interessa moltissimo la Cappella Palatina, riccamente decorata di mosaici. Ho intenzione di approfondire la mia conoscenza della cultura normanna, seguendo il corso di storia dell'arte tenuto all'Università di Palermo.

Il sabato o la domenica potrei fare una gita a Monreale, dove c'è una cattedrale grandiosa con un chiostro bellissimo. Oppure potrei visitare Erice, che conserva un'atmosfera medievale e mi divertirei tanto a passeggiare in città. Inoltre mi piace molto l'opera lirica e, approfittando della permanenza, vorrei vedere le rappresentazioni al Teatro Massimo. E per finire, a Palermo non mancano buon pesce, vini e dolci. Insomma, Palermo è davvero la città ideale per me.

(使用語数193語)

語句と文法

credo che questa città ricca di storia abbia monumenti：
　　credoの導く名詞節のなかでは接続法が用いられます。しかし，mo-

numenti を先行詞とする関係詞節中は直説法を用います。
da visitare assolutamente:「絶対訪れるべき」
monumenti che presentano un'architettura di stile normanno:
　　「ノルマン建築様式を示している建造物」
In quest'ultimo：直前の il Palazzo Reale を意味します。
decorata di mosaici:「モザイクで装飾された」
il corso di storia dell'arte tenuto all'Università di Palermo:
　　「パレルモ大学において行われている授業」
　　　tenere il corso は授業を行うの意味。
divertirsi a＋不定詞(...)：「…することを楽しむ」
approfittando della permanenza:「滞在を利用して」
E per finire:「そして最後に」
　　話を締めくくるときに使う便利な言い回しです。

大意

　私が住んでみたいと思う都市は，パレルモです。それはこの歴史的都市が，他のイタリアのどの都市よりも，さまざまな時代文化を映し出すような旧跡をとどめていると思うからです。多分，一年ではこの町を完全に見るには十分ではないかもしれません。
　絶対訪れるべき旧跡は多くありますが，とくに私が好きなのは，ノルマン建築様式を示している建造物の数々です。私はゆっくりと中心教会，素晴らしい回廊で有名な聖ジョヴァンニ・デッリ・エレミーティ教会，マルトラーナ教会，ノルマン王宮を見たいと思っています。とりわけ，ふんだんにモザイクで装飾されたノルマン王宮のパラティーナ礼拝堂には興味をそそられます。パレルモ大学の美術史の講座を受講しながら，ノルマン文化の勉強を深めるつもりです。
　土曜日や日曜日には，モンレアーレに足を伸ばすこともできるでしょう。モンレアーレにも美しい回廊のある荘厳な中心教会があります。あるいは中世の雰囲気を残すエリチェを訪れ，町の散策を楽しめればと思っています。さらに私はオペラ好きなので，滞在機会を利用してマッシモ劇場での公演を見てみたいと思っています。そして最後に，パレルモは，美味しい魚やワイン，お菓子に欠くことはありません。つまり，パレルモは，私にとってほんとうに理想的な町なのです。

解説

好きなイタリアの町を一つとりあげ、そこに住みたいと思う理由を述べるということは、簡単なように見えて実は難しいものです。結局町の魅力について書くということになるわけですが、その前提となるのは、やはり話題となる町に関する知識です。たとえ行ったことがない場所であっても、そこに自分の興味を引く何かがあり、その何かについてある程度の予備知識を持っていなければなりません。そうでなければ、その町に対する思い入れの深さは本物だとは言えないでしょう。150〜200語くらいでは大したことは書けないにせよ、関心の強さを証明する必要はあります。

解答例においては、パレルモを選び、この町の魅力としてノルマン建築をあげました。これだけでもよいのですが、できれば具体的にこの建築様式を示している建造物を列挙すれば、関心の強さを証明することができます。また、一年の滞在ということになれば、観光旅行ではありませんから、何か一つのことを日常の中心に据えて過ごすということにした方がよいでしょう。解答例では、大学の講座に通ってノルマン文化を学ぶということにしました。

練習4

Uno/a dei Suoi amici italiani viene in Giappone per la prima volta. Quale città o regione gli/le consiglia di visitare e perché? Gli/Le scriva una lettera.

解答例

あなたのイタリア人の友達が日本に初めて来ます。どの町あるいは地域を訪れるようにすすめますか？ またそれはなぜですか？ その人に手紙を書きなさい。

Caro Massimiliano,

sono molto contento che tu venga in Giappone e mi farebbe piacere ospitarti a casa nostra, se vuoi. Nella tua ultima lettera mi hai chiesto quale città sarebbe più interessante da visitare. Visto che studi le scimmie, ti consiglierei di andare senz'altro a Inuyama, una città carina, vicino a Nagoya. Ad Inuyama c'è un parco di divertimenti che ospita anche moltissime specie di scimmie e si chiama Monkey Park. Si trova un po' fuori città, ma puoi arrivarci facilmente con i mezzi pubblici. Connesso al Monkey Park, c'è anche uno dei più prestigiosi istituti di ricerca di Primatologia, afferente all'Università di Kyoto. Sai che Inuyama conserva ancora un centro storico con il castello, monumento nazionale, che risale all'epoca di Edo ? È aperto al pubblico e si può salire fino al piano più alto, dal quale si vede un bel panorama, soprattutto in primavera, quando i ciliegi sono in fiore. Accanto al castello scorre il fiume Kiso. È abbastanza grande e la gente del paese lo chiama "il Reno del Giappone" (secondo me, è un nome un po' esagerato). Puoi fare una gita piacevole navigando sul fiume. A pochi chilometri da Inuyama c'è il villaggio di Meiji (Meiji-Mura) che ospita vari edifici in stili architettonici storici e monumentali provenienti da tutto il Giappone, che sono altrettanto interessanti. La città non è molto grande ; credo che un paio di giorni saranno sufficienti per vederla, anche visitandola con calma.

A presto

tuo Kiichiro
（使用語数239語）

語句と文法

sono molto contento che ... :「…に喜んでいる」
　　従属節中では接続法を用います。
Visto che ... :「…なので, …という理由で」
ospita anche moltissime specie di scimmie :
　　ospitare は mi farebbe piacere ospitarti a casa nostra の ospitare とは異なり,「（展示用として）集めている, 収蔵している」の意味で用いられています。
con i mezzi pubblici :「公共交通で」
connesso a ... :「…に関連して」
primatologia :「霊長類学」 -logia は「…学」を意味する接尾辞です。
　　cf. archeologia（生物学）, biologia（生物学）
monumento nazionale :「国宝」
in primavera, quando i ciliegi sono in fiore :「桜の花咲く春に」
credo che un paio di giorni saranno sufficienti per vederla :
　　従属節中は未来でも, 接続法現在でも構いません。

大意

親愛なるマッシミリアーノ

君が日本に来るということで，私はとても嬉しく思っています。君さえよければ，喜んで我が家にお迎えしますよ。このあいだの手紙では，どの町を訪れたら面白いのかと尋ねていましたね。君はサルを研究しているので，是非犬山に行くようにすすめます。なかなかよい町で，名古屋の近くにあります。犬山には遊園地があるのですが，とても多くの種類のサルも飼われています。この遊園地はモンキー・パークと呼ばれています。町からちょっと離れていますけれど，公共交通で簡単に行けます。遊園地に関連して，もっともすぐれた霊長類学研究所の一つである京都大学の付属施設もあります。犬山には旧市街が残っていて，城もあります。この城は国宝で，江戸時代に遡るものです。一般公開されており，最上階まで上ることができます。そこからの眺めはよく，桜の咲く春は格別です。城のそばを木曽川が流れています。結構川幅があり，土地の人は（これはちょっと誇張があると思うけれど）「日本ライン」と呼んでいます。川を船で楽しく遊覧することもできますよ。犬山から少し離れたところには明治村があり，ここには日本全国からさまざまな歴史的かつ記念碑的建造物が集められています。これもなかなか興味深いものがあります。町はそんなに大きくないので，ゆっくり回ったとしても2，3日あれば，十分でしょう。

それでは，また近いうちに。

喜一郎

解説

この問題は，2001年の問題（休暇で自分の所にやってくる友人にアドヴァイスする）の類題です。自分のよく知っている（はずの）ことを，イタリア人にわかりやすく説明することが求められています。どこの町や地域でもよいですから，よく知っている場所を選び，紹介記事を書くつもりで答案を作ってみましょう。

解答例では犬山市を選びましたが，選んだ理由として，Visto che studi le scimmie（君はサルを研究しているので）と書きました。これは犬山の話をするための方便です。問題にもよりますが，この程度の設定は恣意的に行っても構いません。実際にイタリア人の友達がいる方は，その人の関心や趣味を考えながら，その人に手紙を書くようなつもりで書けばよいでしょう。逆によく知っている町の特徴や特産物などに合わせて，友人の興味を想定してしまっても構いません。情報に関しては，なるべく具体的に書くのがよいでしょう。

その方が，町に対する真率な思い入れも滲み出ることになります。

練習 5

Ha qualcosa di cui non può fare a meno？Ne parli spiegando perché è indispensabile per Lei.

解答例

あなたには，それなしで済ますことのできないものがありますか？ どうして必要不可欠なのか説明しながら，それについて語ってください。

Non posso stare senza caffè. Adoro l'aroma fin da quando ero bambina, ma i miei genitori mi vietavano severamente di berlo, dicendo sempre che il caffè nuoce alla salute dei bambini. Però, per quanto me lo vietassero, il mio desiderio di assaggiarlo è cresciuto ancora di più. Non dimenticherò mai il giorno in cui l'ho bevuto per la prima volta, a dodici anni. Ho gustato il suo sapore, cosa che aspettavo da tempo. Da allora bevo il caffè quasi ogni giorno.

Il caffè è indispensabile per me, perché senza di esso non ce la farei ad alzarmi la mattina. Se il caffè fosse finito e avessi dimenticato di comprarlo, non ce la farei nemmeno ad alzarmi dal letto. Infatti mi sveglia la sola idea di prenderne una tazza. Anche dopo pranzo, quando di solito ho un sonno da morire, ne ho bisogno. Gustandone il sapore piacevole, mi riprendo e posso continuare a lavorare. E perfino dopo cena, preferisco il caffè al liquore. Anche prendendolo la sera, non ho mai sofferto di insonnia.

Credo che il caffè possa darci una vera e propria spinta a vivere. Potrei smettere di bere vino, ma non caffè. Anche se mi imponessero durissimi lavori forzati, potrei sopravvivere, almeno psicologicamente, a condizione di poterne prendere una tazza ogni giorno, che sarebbe l'unico sostegno della vita.

（使用語数219語）

語句と文法

fare a meno di ... :「…なしで済ます」

stare senza ...：「…なしでやって行く」
dicendo sempre che il caffè nuoce alla salute dei bambini：
 過去に親の言った事柄ですが,「コーヒーが子供の健康に害を与える」のは一般的真理として考えられているので, 現在形が用いられています。
nuocere a ...：「…を害する」
per quanto ..., 〜 di più：「…であるにもかかわらず, なお一層〜」
esso：ここでは il caffè を指しています。esso はふつう物を指す代名詞として使われますが, やや文学的。性・数に応じて essa, essi, esse と語尾変化します。
non ce la farei ad alzarmi：
 farcela a＋不定詞(...)で「うまく…する, 切り抜ける」
darci una vera e propria spinta a＋不定詞(...)：
 「…するほんとうの原動力を我々に与える」

大意

私はコーヒーなしではやって行けない。私は子供の頃からその香りが大好きなのだけれど, 両親はコーヒーは子供の健康を害すると言って, 私に飲むことを厳しく禁じたものだった。でも禁じられると, その分だけ味わってみたいという願望は強くなった。12歳のとき初めてコーヒーを飲んだが, その日を忘れることはないだろう。長いこと待ち望んでいたその味を, 私は味わった。そのとき以来, ほとんど毎日コーヒーを飲み続けている。

コーヒーは, 私にとって必要不可欠なものである。それというのも, コーヒーなしには朝起きることができないからだ。もしコーヒーがなくなっているのに, 買い足すのを忘れていたら, 床から抜け出すことすらできないだろう。実際私は, 一杯のコーヒーが飲めるという思いによってのみ, 目を覚ますのである。昼食の後, 通常眠くて死にそうになるときも, コーヒーが必要だ。あのありがたい味を楽しみつつ, 目を覚まし, 仕事を継続することができる。そして夕食の後も, リキュールよりもコーヒーを好ましく思う。夜飲んでも, 眠れないということはない。

思うに, コーヒーは正真正銘の生きるための活力を我々に与えてくれる。私はワインをやめることはできるだろうが, コーヒーをやめることはできない。もし苛酷な強制労働を課されたとしても, コーヒーを毎日1杯飲めるという条件であれば, 私は, 少なくとも精神的には, 生き延びることができるであろう。コーヒーこそが生きることの支柱となるはずだから。

12 作文問題

解説

これは，2000年や2002年の出題例に類似した「テーマ型作文」であり，書き手の価値観を問うような設問です。生きて行く上で欠かせないと思われるものは数多くありますが，それを語ることである程度まとまったものになるもの，作文の材料を保証してくれるような話題を選ぶのは，意外と骨が折れるものです。書き出してはみたものの後が続かず，頓挫を繰り返すということになりがちです。解答例はコーヒーを話題にしましたが，他にもタバコ，酒，携帯電話，コンピューター，歯ブラシ，カラオケ，睡眠時間，ヴァカンス，テレビゲーム(videogiochi)，マンマ(?)などさまざまな話題が考えられます。家族(famiglia)，平和(pace)，連帯意識(solidarietà)，友情(amicizia)などはカッコイイ感じがしますが，話が抽象的になり，まとまりがつかなくなりそうです。なるべく具体的なものを話題にして，それについての思い入れを語るという方がやりやすいはずです。

第13章 聞き取り問題

出題形式

1999年～2002年の出題例と1998年以前のものを比較する限り，出題形式は以下のように固定化されつつあるように思われます。

- ◀ parte I ▶　　問題文を聞き，内容に合致するイラストや図表などを選択する問題
- ◀ parte II ▶　　問題文，質問，選択肢のすべてが録音されている問題
- ◀ parte III ▶　　問題文，質問は録音されているが，選択肢は印刷されている問題
- ◀ parte IV ▶　　問題文を聞き，内容に合致する文を選択する問題
- ◀ parte V ▶　　問題文を聞き，印刷された短文がその内容に合致するか(vero)否か(falso)を答える問題

parte I～IV については，選択肢は(a)(b)(c)の3つです。**問題文は2度繰り返して読まれます。**

parte IV は parte I のイラストなどにかわって文が選択肢として印刷されていると思えばよく，parte V は読解問題の課題文が録音されていると思えばよいでしょう。parte II や parte III はこれに比べると，課題文のみならず，質問や選択肢までもが録音されているので，より高度な聞き取り能力，情報処理能力が要求されているようにも思われます。実際，厄介な設問も含まれていますが，parte I，parte IV，parte V の方は朗読される問題文自体が難しく，細かな点まで把握していないと解答に戸惑うというケースがままあります。

13 聞き取り問題

対策

問題文にせよ，質問文にせよ，選択肢にせよ，聞き取れないと感じられるときは，まずスクリプトを速読して意味が取れるか否かを試してください。

スクリプトを読んでも意味が取れない，あるいは何回か読まないと意味が取れないという場合は，当然のことながら聞き取り以前に読解力にも問題があることになります。読解の際に必要な語彙，慣用句，文法知識などに弱点があるのです。したがって，聞き取りの訓練に並行して，こうした弱点を補い，速読多読の訓練を積みましょう。

一方，意味が取れれば，問題は純粋に聞き取りの際の情報処理速度にあることになります。この場合は，イタリア人が自然な速度で話しているのをできるだけ数多く聞き，音声に慣れることを目指してください。

以下出題形式別(parte I～V)に，問題を配列します。

parte I

録音された課題文を聴き，図やイラストを見て答える問題

練習

Ascoltare la registrazione e scegliere fra a, b, c.

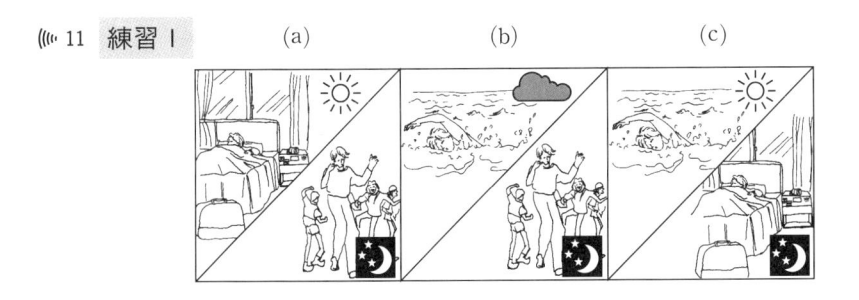

11　練習 I　　(a)　　(b)　　(c)

スクリプトと大意

Pierino è appena tornato dalla Grecia.

Madre : Pierino, perché non sei abbronzato ? Non sei stato al mare, in Grecia ?
Pierino : Sì, mamma. Sono stato nell'Isola di Micono.
Madre : Non c'era bel tempo lì ?
Pierino : Sì, c'era caldo, quindi durante il giorno dormivo. Di sera mi alzavo, andavo in discoteca, e ballavo fino all'alba. E poi tornavo all'albergo, stanchissimo. Dormivo fino a sera e così via.

ピエリーノはギリシャから帰ったばかりです。
母：　　　ピエリーノ，あんたどうして日焼けしてないのよ？　ギリシャで海に行っていたんじゃないの？
ピエリーノ：そうだよ，母さん。ミコノス島に行っていたんだ。
母：　　　向こうは天気がよくなかったの？
ピエリーノ：よかったよ。暑くてね，昼間は寝ていた。夕方に起きると，ディスコに行って，夜明けまで踊ったんだ。それでくたくたになってホテルに帰る。で，夕方まで眠って，という感じだったよ。

解説　ピエリーノが日焼けをしていないことがわかれば，(c)はまず除外されます。母の否定疑問に対していずれも sì と答えていますから，海に行き，天気はよかったことは明らかです。したがって彼の理由説明がよくわからなかったとしても，(b)は内容に合わないということがわかりますね。

解答　(a)

練習 2　vendemmia italiana

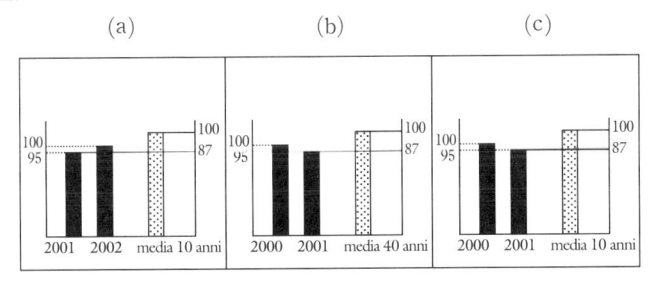

```
        (a)              (b)              (c)
```

スクリプトと大意

La vendemmia italiana del 2001, con il 5 per cento in meno rispetto all'anno precedente e il 13 per cento in meno della media dell'ultimo decennio, è stata una delle più scarse degli ultimi 40 anni. Ma la qualità, a quanto pare, è di ottimo livello. Intanto si segnala un incremento delle vendite di vini in bottiglia all'estero.

(*"L'Espresso" 8 novembre 2001, p. 32*)

2001年におけるイタリアのブドウの収穫量は，前年に比し 5 ％低く，過去10年の平均と比べても13％低かったが，ここ40年のうちでもっとも少なかった。しかし質は，見るかぎり，非常に高いレベルである。そこで，瓶入りワインの海外向け販売では，増加を示している。

解説　これは，出てくる数字が，何の数字なのか聞き取れないと正解に至りません。2001年のブドウの収穫を話題にしているので，l'anno precedente とは2000年のことですね。また，più scarse degli ultimi 40 anni などという語句にごまかされないようにしましょう。平均値としてあがっているのは，過去10年のものです。したがって(b)は間違いです。

解答　(c)

🔊 13　練習 3　　　(a)　　　　　(b)　　　　　(c)

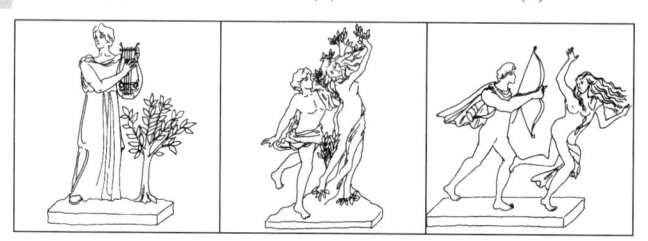

スクリプトと大意

Cynthia : Guarda quelle statue ! Che belle !
Eric :　　Sì, sono davvero straordinarie. Vediamo un po' se la guida dà qualche informazione al riguardo.
Cynthia : Che dice ?
Eric :　　Dunque, questo gruppo marmoreo è uno dei capolavori di Bernini. Rappresenta l'attimo in cui Apollo sta per raggiungere Dafne, una ninfa bellissima. La ninfa, inseguita da Apollo, fugge e, sul punto di essere afferrata dal dio, si trasforma in alloro.
Cynthia : Certo. I suoi capelli scomposti sembrano voler dire che si stanno trasformando in foglie e rami. Il suo corpo è già parzialmente coperto dalla corteccia. Non ho mai visto una scultura così piena di immaginazione.

シンシア：あの像を見て！　なんて美しいのでしょう！
エリック：うん，ほんとうに素晴らしいね。ちょっとガイドブックを見てみよう。何か説明があるかな。
シンシア：何て書いてあるの？
エリック：えーと，この大理石の群像はベルニーニの傑作の一つです。アポロンが美しいニンフ，ダフネに追いつく瞬間を表現しています。ニンフはアポロンに追いかけられ，つかまった瞬間月桂樹に変身します。
シンシア：なるほどね。ばらばらにほどけた彼女の髪は，葉と枝に変わるところを表そうとしているみたい。身体の一部は，すでに樹皮に覆われているわ。こんなに想像力に満ちた彫刻を見るのは，初めてだわ。

解説 ▎uno dei capolavori di Bernini と聞いただけでわかってしまう人もいるかもしれませんが，最後の女性の台詞におけるいくつかの手がかり(si stanno trasformando in foglie e rami, è già parzialmente coperto dalla corteccia)を聞き取ることができれば，比較的容易に正解に到達することができるでしょう。

解答 ▎(b)

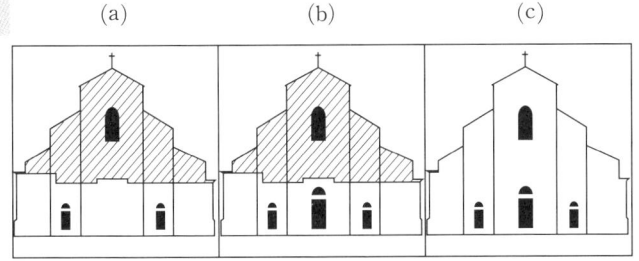

(((14 練習 4   (a)   (b)   (c)

スクリプトと大意

Attenzione ragazzi! Questa è la più grande chiesa della nostra città, uno splendido edificio gotico iniziato nel 1390. Guardate la facciata. È larga 60 metri e alta 50. La parte superiore è rimasta incompleta, ma la parte inferiore è decorata di marmo bianco. Ha tre portali, quello mediano è stato prodotto da Iacopo della Quercia nel Quattrocento.

みんな，ちょっと聞いてください。これが私たちの町でもっとも大きい教会です。とても美しいゴシック様式の教会ですね。1390年に着工されました。ファサードを見てみましょう。幅は60メートル，高さは50メートルです。上の部分は未完成ですが，下の部分は白大理石で装飾されています。扉口は3つあり，真ん中は15世紀にヤコポ・デッラ・クエルチャによって作られたものです。

解説 ▎これは，建築の特徴を正確に把握できるかどうかを問う設問です。何と言ってもイタリアは建築や美術品の宝庫ですから，他の言語に比べて，建築用語や美術(史)用語が出てくる頻度は高いと思います。ただ，ここでは理解の鍵となるのは，決して専門用語ではありません。facciata(建築の正面，ファサード)，la parte superiore(上の部分)，la parte inferiore(下の部分), tre portali(三つの扉口)などの単語を聞き落とさなければ, 十分対応できるはずです。

解答 ▌ (b)

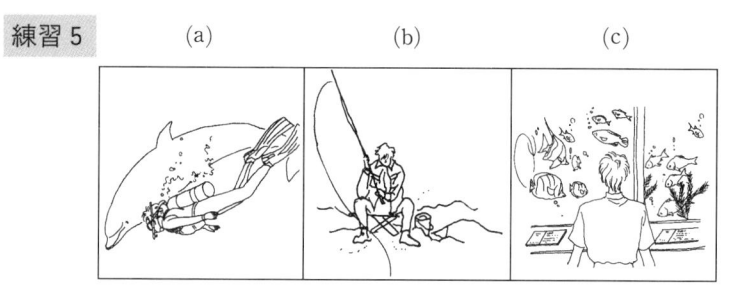

((15　練習 5　　(a)　　　　(b)　　　　(c)

スクリプトと大意

Per ammirare i fondali, provare l'emozione di vedere - e non toccare - cernie e spigole mentre si nascondono tra le rocce, scoprire un corallo o anche soltanto il colore delle alghe, ogni estate due milioni di italiani indossano pinne e maschera e bordeggiano lungo le coste.

(*"Il Venerdì di Repubblica"* 15 marzo 2002, p. 132)

海の深みに感動するために, 岩陰に隠れているハタやスズキを見るために(触れるためにではなく), 珊瑚を, あるいは単に海草の色を発見するために, 毎夏200万人のイタリア人が足ヒレと水中眼鏡をつけ, 海岸沿いを浮遊する。

解説 ▌ 与えられた情報を手がかりに, 何が話題になっているか理解する能力を試す問題です。海に関する話であることは一目瞭然であり, しかも corallo, alghe などから海底が話題になっていることも明らかです。そうなると, (a)か(c)ですが, indossano pinne e maschera からスキューバ・ダイビングがイメージできるはずです。pinne は本来「(魚の)ヒレ」のことですが, 潜水用具としての「足ヒレ」も意味します。

解答 ▌ (a)

13 聞き取り問題

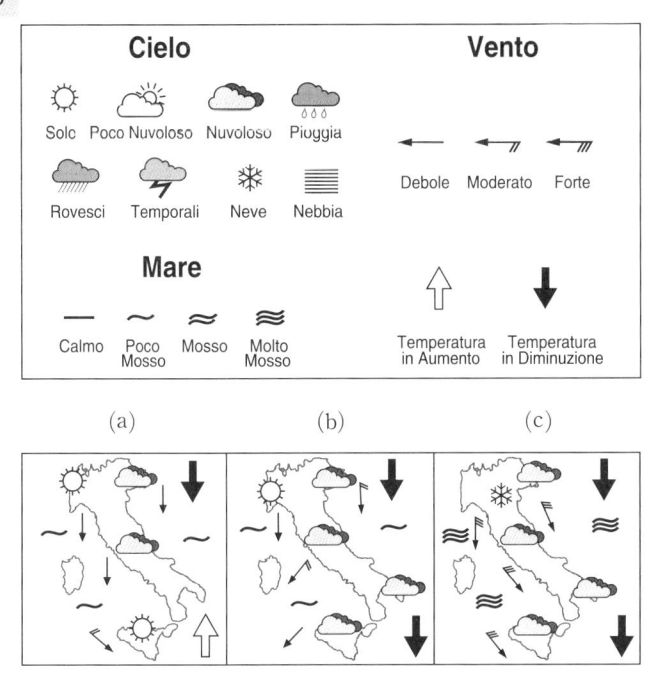

(((・16 練習6

Cielo: Sole, Poco Nuvoloso, Nuvoloso, Pioggia, Rovesci, Temporali, Neve, Nebbia

Vento: Debole, Moderato, Forte

Mare: Calmo, Poco Mosso, Mosso, Molto Mosso

Temperatura in Aumento, Temperatura in Diminuzione

(a)   (b)   (c)

スクリプトと大意

Previsioni per il 9 febbraio. Bel tempo sul Nordovest. Molto freddo, con gelate anche sulle zone di pianura. Venti deboli. Nuvoloso sul Nordest e sul Centro, con qualche debole nevicata fino a bassa quota sui rilievi di Marche, Abruzzo, e Molise. Venti moderati. Molte nubi ovunque sul Sud. Molto freddo. Venti deboli. La temperatura è in diminuzione in tutte le regioni. Mari poco mossi.

２月９日の天気予報です。北西部はよい天気です。とても寒く，平野部でも霜が降りそうです。風は弱いでしょう。北東部と中部では雲が出ます。マルケ，アブルッツォ，モリーゼの山地では雪も降りそうですが，積雪量は大したことはありません。やや風がありそうです。南部はどこも雲が多くなります。とても寒いです。風は弱いでしょう。気温は各地とも下がります。波は少ないでしょう。

解説 ▌天気予報で使われる語句は，だいたい決まっていますので，理屈抜き

で覚えてしまってください(『イタリア語検定3級突破』第12章「天気予報」の項参照)。気を付けたいのは，gelate(*f. pl.*)です。これは，何となく雪か霰のような印象を受けるのですが，霜のことです。したがって，(c)を選ばないように注意しましょう。また3つの絵を一瞥すると，気温や波の高さが三者三様ですから，こういった要素に注意を傾けて判断することもできます。

解答 ▍ (b)

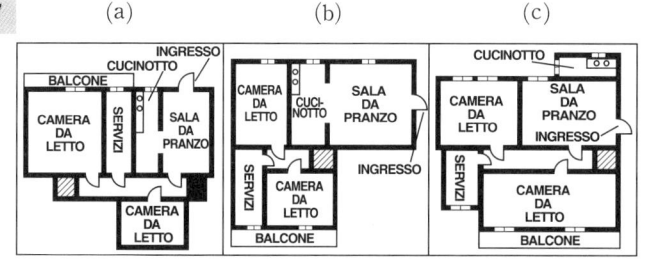

(((17 練習7   (a)   (b)   (c)

スクリプトと大意

In questo appartamento ci sono due camere da letto, da una delle quali, oltre che dal bagno, si accede ad un balcone. La sala da pranzo si trova di fronte all'altra camera da letto, comunica direttamente con il cucinotto e ha una porta sull'ingresso.

このアパートには寝室が2つあり，そのうちの1つからも，バスルームからもバルコニーに出ることができる。ダイニングはもう一方の寝室の前にあり，台所と直接につながっており，玄関の扉がある。

解説 ▍ 語句の意味を確認，整理しておきましょう。
　　　camere da letto：「寝室」
　　　il bagno：「バスルーム」　servizi とも言い，複数で用います。
　　　accedere a ...：「…に出入りする，…に近づく」
　　　sala da pranzo：「ダイニングルーム」
　　　comunicare direttamente con ...：「…と直接につながっている，通じている」
　　　cucinotto：「小さな台所」　cucina の縮小辞です。

> 聞き取りのポイントになるのは，2つある寝室のそれぞれと他の部屋との位置関係やダイニングと台所や玄関の位置関係です。ヒントは複数ありますから，たとえ部分的に聞き取れないところがあっても，慌てないことです。

解答 ▌ (a)

parte II

課題文のみならず，質問文も選択肢も録音され，聞き取ることを要求されている問題

練習

Ascoltare la registrazione, la domanda, e le tre risposte che seguono e scegliere fra a, b, c.

練習 1

スクリプトと大意

Alessandro : Ciao, Lucia !
Lucia : Ciao, Alessandro ! Come va ?
Alessandro : Bene. Hai fatto buon viaggio ?
Lucia : Sì, sono stata veramente fortunata. Il treno fra Lucca e Prato è stato puntuale ed è arrivato a Prato a mezzogiorno e un quarto. Secondo l'orario, il treno per Bologna avrebbe dovuto partire all'una e mezzo. Quindi avrei dovuto aspettare più di un'ora a Prato. Ma pochi minuti dopo, è arrivato un espresso dalla Sicilia con ritardo di non so quante ore. Sono salita su quel treno e ho trovato anche un posto. Così ho fatto un viaggio comodissimo e sono arrivata a Bologna molto in anticipo.

DOMANDA : Perché Lucia è stata fortunata ?
(a) Perché ha viaggiato secondo il programma.
(b) Perché ha cambiato treno con calma.
(c) Perché non ha dovuto aspettare a Prato più di un'ora.

アレッサンドロ：やあ，ルチーア。
ルチーア：　　こんにちは，アレッサンドロ。どう調子は？
アレッサンドロ：うん，いいよ。旅はどうだった？
ルチーア：　　ええ，ほんとうに運がよかったわ。ルッカとプラートのあいだの電車は時刻通りで，プラートには12時15分に着いたわ。時刻表によれば，次のボローニャ行き電車は13時30分。ということは，プラートで1時間以上待たなくてはならないところだったのよ。でも，数分したらシチリア発の急行が何時間も遅れて着いたの。私はその電車に乗りこんで，おまけに座れたのよ。こうして旅は快適で，ボローニャにはずっと早くに着いたわ。

質問：どうしてルチーアは幸運だったのですか？
(a)予定通りに旅をしたので。
(b)落ち着いて電車を乗り換えることができたので。
(c)プラートで1時間以上待つ必要がなかったので。

解説　最後の部分で，sono arrivata a Bologna molto in anticipo とルチーアは言っていますから，(a)はまず除外されます。条件法過去の使われている文，Quindi avrei dovuto aspettare più di un'ora a Prato. の後，Ma という接続詞で文を切り出しています。だから，現実には1時間以上待つ必要はなかったのだと考えれば，他の部分が不確かでも正解にたどり着くことができます。

解答　(c)

練習 2

スクリプトと大意

Cliente :　　Scusi, sto cercando un libro. Il nome dell'autore è Antonio Calamo, Il titolo è "I dialoghi con Virgilio". La

	casa editrice è forse Pompeiani, ma non ne sono sicuro.
Commessa :	Vediamo. Aspetti un momento... Da noi adesso non c'è. È da ordinare. È stato pubblicato parecchi anni fa, ma mi pare sia ancora disponibile. Vuole provare ?
Cliente :	Quanto tempo devo aspettare ?
Commessa :	Di solito una settimana.
Cliente :	Ho capito. Allora, tornerò fra una settimana. Se non fosse ancora arrivato, potreste mandarlo al mio recapito in Giappone ? Partirò fra dieci giorni.
Commessa :	Sì, certo.

DOMANDA : Che cosa il cliente chiede alla commessa ?

(a) di mandare il libro in Giappone se non arriverà entro una settimana
(b) di annullare la richiesta perché vuole ordinarlo personalmente
(c) di mandare il catalogo dei libri in Giappone

客 ： すみません。本を探しているのですが。著者名はアントニオ・カラモで，書名は『ウェルギリウスとの対話』です。出版社はたぶんポンペイアーニだったと思うのですが，確かではありません。

店員：見てみましょう。ちょっとお待ちください… 今うちには置いていませんね。注文しなくてはなりません。かなり前に出版されたものですが，まだ手に入ると思いますよ。注文してみますか？

客 ： 届くまでどれくらい時間がかかりますか。

店員：ふつうは１週間です。

客 ： わかりました。それでは，１週間後にまた来ます。もし届いていなければ，日本の連絡先に送ってくれますか？ 10日後に出発することになっているので。

店員：はい，わかりました。

質問：客は店員に何を頼んでいるのですか？
(a)もし１週間以内に本が着かなかったならば，日本に送ること
(b)自分で発注したいので，注文を取り消すこと
(c)日本に本のカタログを送ること

解説 ▎客が書店である本を探しているが，それは注文しなければならないと

いう状況はつかめるでしょう。理解の鍵となるのは，客の最後の言葉です(... potreste mandarlo al mio recapito in Giappone ? Partirò fra dieci giorni.)。この部分を聞き取っても，選択肢(c)に戸惑うかも知れませんが，カタログ(catalogo)についてはまったく話題になっていません。聞き取り試験 parte II にありがちなダミーです。

解答 (a)

練習3

スクリプトと大意

Il record di ascensioni è del 2001 : hanno raggiunto la cima dell'Everest in 182. Molti di più dei 142 dell'anno precedente o dei 116 del 1999. Il record di morti è invece del 1997, l'anno delle disgrazie immortalato da film e libri (il bestseller è *Nell'aria sottile* di Jon Krakauer).　　　　　　　(*"Il Venerdì di Repubblica"* 15 marzo 2002, p. 60)

DOMANDA : In quale anno il più grande numero di persone ha raggiunto la cima dell'Everest ?
(a) Nel 2001
(b) Nel 2000
(c) Nel 1997

登山者の最多記録は，2001年です。この年エヴェレストの頂上には，182人が到達しました。前年の142人や1999年の116人を大きく上回っています。一方，死者の最多記録は，1997年で，映画や本によって忘れることのできない災害年となりました(ベストセラーは，ジョン・クラカワーの『空へ：エヴェレストの悲劇はなぜ起きたか』です。)

質問：もっともエヴェレストに登った人が多かったのは，何年か？
(a)2001年
(b)2000年
(c)1997年

解説 1997年は，最多死者数を記録した年ですから，違います。invece (一方)という語に注意しましょう。なお，*Nell'aria sottile* の原題は *Into Thin Air : a Personal Account of the Mount Everest Disaster* です。

解答 ▍(a)

(((21 練習4

スクリプトと大意

Eva : Ciao, Stefano. Cosa hai fatto di bello ieri ?
Stefano : Sono andato al Teatro Comunale di Bologna. Ho visto *I Puritani*.
Eva : Che bello ! Ti è piaciuto ?
Stefano : Sì, molto. E poi ho incontrato Luigi.
Eva : Davvero ? Non era a Roma ?
Stefano : Sì, ma dopo che il suo maestro di canto si è trasferito da Roma a Ferrara, anche lui l'ha seguito ed ora studia lì.

DOMANDA : Dove insegnava il maestro di Luigi ?
(a) A Bologna
(b) A Ferrara
(c) A Roma

エヴァ：　　やあ，ステファノ。昨日は何かいいことあった？
ステファノ：ボローニャの市立歌劇場へ行ったんだ。『清教徒』を見たよ。
エヴァ：　　まあ素晴らしい。公演はよかったの？
ステファノ：うん，とても。それにルイージに会ったよ。
エヴァ：　　ほんとう？　彼はローマにいたんじゃないの？
ステファノ：うん，でもその後彼の歌の先生がローマからフェラーラへ移ることになったんだ。そこでルイージも先生について行って，今はそこで勉強しているんだ。

質問：どこでルイージの先生は教えていたのですか？
(a)ボローニャ
(b)フェラーラ
(c)ローマ

解説 ▍質問とほんとうにかかわりのある部分は後半です。聞き取りの会話が長い場合，直接関係のない情報が結構含まれます。1回目によくわからなかったとしても，少なくとも注意して聴き直すべき箇所がどこか

を確定し，そこに注意を集中してください。この問題の場合，si è trasferito da Roma a Ferrara(ローマからフェラーラに移った)が鍵となります。

解答 ▌ (c)

練習 5

スクリプトと大意

Alla stazione di Firenze :

Signora : Scusi, l'Intercity per Roma delle nove e dieci oggi è sospeso ?
Ferroviere : Sì, hanno scoperto una bomba inesplosa vicino a Orvieto e la stanno rimuovendo. Per questo stamani non si effettuano corse fra Firenze e Roma.
Signora : Caspita ! Noi dobbiamo arrivare a Roma ! Come facciamo ?
Ferroviere : Allora andate a Pisa ; di lì partono coincidenze per Roma.
Signora : Grazie mille.

DOMANDA : Oggi come si fa per arrivare a Roma ?
(a) Si va a Pisa e si prosegue il viaggio in pullman.
(b) C'è un treno che va a Roma passando da Pisa.
(c) Si va a Pisa e si cambia treno.

フィレンツェの駅で
婦人：　すみません。今日は9時10分のローマ行きインターシティーは運休ですか？
鉄道員：ええ，そうなんです。オルヴィエートの近くで不発弾が発見されまして，現在除去作業をしています。このため，今朝はフィレンツェとローマのあいだは運休です。
婦人：　何ですって！　私たちはローマに行かなければならないんです。どうしたらよいでしょう？
鉄道員：それじゃピサに行ってください。ローマ行きに乗り換えられます。

婦人： どうもありがとうございます。

質問：今日ローマに行くにはどうすればよいですか？
(a)ピサに行き，バスで旅行を続ける。
(b)ピサを通ってローマに行く電車がある。
(c)ピサに行き，乗り換える。

解説 ┃ この問題では，coincidenze（接続列車，接続便）という単語を知っているか否かが鍵になります。選択肢にはいずれも「ピサ」が出てきますが，気を付けたいのは(b)です。ローマに行くルートはピサ経由でも，ピサを通ってローマに行く電車を利用するわけではありません。

解答 ┃ (c)

練習 6

スクリプトと大意

Sandra : Ciao, Marco.
Marco : Ciao, Sandra.
Sandra : Ma che c'è? Sei di cattivo umore?
Marco : Mah, non c'è niente di peggio di quello che mi è capitato oggi.
Sandra : Che è successo?
Marco : Stamattina mi sono alzato tardi. Sono uscito di casa in fretta e furia. Ho preso l'autobus per un pelo, ma sull'autobus mi sono accorto che avevo dimenticato tutto, il portafoglio, il bancomat, i biglietti dell'autobus, ecc.
Sandra : Mamma mia! Allora che hai fatto? Sei tornato a casa?
Marco : Sì, però prima di scendere, ho incontrato il controllore. Gli ho spiegato la mia situazione, ma non mi ha creduto. Non avevo biglietto, perciò ho dovuto pagare la multa. Mi è costata un occhio! Sono veramente sfortunato.
Sandra : Poverino! Dai, andiamo al bar, ti offro un caffè.

DOMANDA : Perché Marco è di cattivo umore?

(a) Perché non è riuscito ad alzarsi presto.
(b) Perché l'hanno punito trovandolo sprovvisto di biglietto.
(c) Perché gli hanno rubato il portafoglio sull'autobus.

サンドラ：こんにちは，マルコ。
マルコ：　やあ，サンドラ。
サンドラ：どうしたの？　ご機嫌斜めなの？
マルコ：　今日はほんとうに最悪だったよ。
サンドラ：何があったの？
マルコ：　今朝は寝坊しちゃってね。慌てて家を出たんだ。バスにはかろうじて乗れたんだけどさ，バスに乗ってから財布も，キャッシュカードも，バスの切符もすべて忘れたことに気づいたんだ。
サンドラ：あらまあ！　で，どうしたの？　家に戻ったの？
マルコ：　そうなんだ。でも，降りる前に，検札係が来ちゃってね。状況を説明したけれど，信じないんだ。僕は切符を持っていなかったから，罰金を払わなければならなかった，というわけさ。ほんとうに痛い出費だったよ。何て運が悪いんだろう。
サンドラ：かわいそうに。元気出して。バールに行きましょうよ，コーヒーおごってあげるから。

質問：なぜ，マルコは不機嫌なのですか？
(a)早起きすることができなかったから。
(b)切符を持っていなかったのを見つけられ，罰せられたから。
(c)バスのなかで財布をすられたから。

解説　イタリアのバスのシステムに不案内だと，少し難しいかもしれません。だいたいどこの都市でも，あらかじめ切符を購入しておき，乗車時にバス備えつけの刻印機で乗車記録を受ける，という仕組みになっています。ときどき抜き打ち的に検札があり，切符を持っていなければ，罰金(la multa)を科されます。いくつか熟語表現や慣用句が含まれているので，意味の確認をしておきましょう。

essere di cattivo umore：「不機嫌である」
　　cf. essere di buon umore　「機嫌がよい，ご機嫌だ」
in fretta e furia：「大急ぎで」
per un pelo：「かろうじて，間一髪」
costare un occhio：「目玉の飛び出るような値段がする」

▮ sprovvisto di ... :「…を持っていない，携帯していない」

解答 ▮ (b)

練習 7

スクリプトと大意

Daniela : Michael, che facciamo stasera ?

Michael : Perché non andiamo al cinema ?

Daniela : Ottima idea ! Vediamo il giornale. All'"Odeon" danno "L'autostazione", un film poliziesco di Sergio Smeraldi ; all'"Ariston", invece, c'è l'"Uovo crudo", un film comico e oggi è l'ultima giornata di proiezione. Aspetta ! Al "Fiamma" danno "Lo sguardo di Penelope". Tu che ne dici ?

Michael : "Lo sguardo di Penelope" è il capolavoro di un regista greco. Sai che ha vinto il Dragone d'Oro al festival di Pechino ? Ma io l'ho visto la settimana scorsa. È il dramma di una donna che aspetta il marito che era andato in guerra e ...

Daniela : Sembra molto interessante. Peccato ! Se fossi stata qui la settimana scorsa, sarei venuta a vederlo volentieri.

Michael : Daniela, che giorno è oggi ?

Daniela : Venerdì. Ma perché me lo chiedi ?

Michael : Se non mi sbaglio, oggi all'"Ariston" c'è la riduzione per chi ha più di 65 anni.

Daniela : Davvero ? Allora andiamo all'"Ariston". Ho la Carta Oro 65 !

DOMANDA : Quale film vanno a vedere Daniela e Michael ?

(a) "L'autostazione"

(b) "Uovo crudo"

(c) "Lo sguardo di Penelope"

ダニエーラ：マイケル，今晩どうする？

マイケル： 映画でも見に行かないか？

ダニエーラ：それがいいわ。そうだ，新聞を見ましょう。「オデオン」では『バスターミナル』をやっているわ。これはセルジョ・ズメラルディの刑事物ね。「アリストン」の方は，『生玉子』ね。これはコメディーで，今日が最終日だわ。あらちょっと！「フィアンマ」では『ペネロペのまなざし』を上演しているわ。あなたどう思う？

マイケル：『ペネロペのまなざし』は，ギリシャの映画監督の傑作だよ。北京映画祭で金竜賞を受賞したんだ。でも，僕はそれを先週見たよ。夫を待っている女性のドラマでね，その夫というのは戦争に行って…

ダニエーラ：面白そうね。残念だわ。もし先週ここにいたら，喜んで見にいったのに。

マイケル：ダニエーラ，今日は何曜日？

ダニエーラ：金曜日よ。でも，どうしてそんなことを私に聞くの？

マイケル：もし僕の間違いでなければ，今日「アリストン」では65歳以上対象の割引があるよ。

ダニエーラ：ほんとう？ それじゃ，「アリストン」に行きましょう。私，「ゴールドカード65」を持っているの。

質問：ダニエーラとマイケルは，どの映画を見に行きますか？
(a)『バスターミナル』
(b)『生玉子』
(c)『ペネロペのまなざし』

解説　この手のかなり長く，とりとめのない会話は，よく parte II に出題されます。だいたい内容はつかめると思いますが，細かいところになると，メモを取っていないと忘れそうです。質問を聞いてから，「しまった。メモを取っておくんだった」と思うような問題です。ただし，今晩見に行く映画を決めるにあたって決め手となったのは，映画館の割引であり，割引があるということで選んだのは「アリストン」です。最初に聴いたとき，この点さえ聞き取ることができていれば，2回目に聴くときは「アリストン」が出てくるところに全神経を集中すれば十分です。

解答　(b)

13 聞き取り問題

parte III

課題文と質問文は録音，選択肢は印刷されているもの

練習

Ascoltare la registrazione e la domanda che segue e scegliere fra a, b, c.

🔊 25 練習 1

Del fatto che :
(a) pochi giovani navigano su Internet.
(b) sono più i giovani che hanno il motorino che il telefonino.
(c) l'87 per cento di giovani dichiara di non essere ateo.

スクリプトと大意

Secondo l'indagine condotta dal Centro Internazionale Ricerche di Mercato su un campione di 570 giovani di età compresa tra i 16 e i 18 anni, uno su due non naviga su Internet, ma il 79 per cento ha il telefonino e il 52 per cento il motorino. Solo il 13 per cento dichiara di non credere in Dio, ma il 63 per cento non va mai a messa o raramente. (*adatt. "L'Espresso" 8 febbraio 2001, p. 38*)

DOMANDA : Di che cosa si parla ?

16歳から18歳までの570人の若者をサンプルとし，国際市場調査センターによって行われた調査によれば，二人に一人はインターネットを使ったことがないが，79％は携帯電話を持っており，52％は原付を持っている。神の存在を信じないのは13％に過ぎないが，63％はミサに行ったことがないか，ほとんど行かない。

質問：何が話題となっているか？
(a)インターネットをする若者はわずかである。
(b)携帯電話を持っている若者より，原付を持っている若者の方が多い。

(c) 87%の若者は，自分が無神論者だと言っていない。

解説 ▎ 数字が含まれている場合，それが何の数字なのか聞き取るように心がけてください。選択肢に現れる数字は必ずしも，録音のなかで言われた数字ではなく，引き算や足し算によって得られる場合が多々あります。また，uno su due のように，百分率ではなく，「何人中何人」という分数的な言い方がなされることもあります。なお ateo とは無神論者のことです。

解答 ▎ (c)

(((26 練習 2

Del fatto che in Germania :
(a) il numero dei morti sulle strade diminuisce di anno in anno.
(b) il numero dei morti sulle strade nel 2001 è pari al 7 per cento di quello del 2000.
(c) ci sono stati più incidenti stradali nel 2001 rispetto all'anno precedente.

スクリプトと大意 ▬▬▬▬▬▬▬▬▬▬▬▬▬▬▬▬

Germania : strade più sicure
In Germania il numero delle vittime degli incidenti ha raggiunto nel 2001 il livello più basso da mezzo secolo a questa parte : secondo i dati dell'ufficio di statistica di Wiesbaden, i morti sulle strade sono stati 6.949, pari al 7 per cento in meno rispetto all'anno precedente. Si tratta della cifra più bassa degli ultimi 49 anni, da quando cioè sono state introdotte statistiche ufficiali. In totale però sono stati registrati più incidenti : 2,36 milioni (per una crescita dello 0,5 per cento).

("Il Venerdì di Repubblica" 15 marzo 2002, p. 163)

DOMANDA : Di che cosa si parla ?

ドイツ——道路はより安全に
ドイツでは事故の死亡者数が，2001年，この半世紀間で最小値を記録した。ヴィースバーデンの統計局のデータによれば，交通事故の死者は6949人で前

年に比して7％低い。これは，公式統計を採るようになった過去49年のなかでもっとも低い数字である。しかし，全体的に見ると，より多くの件数の事故が記録されている（0.5％の増加）。

質問：何が話題となっているか？
ドイツでは，
(a)交通事故死亡者は年々減っている。
(b)2001年の交通事故死亡者は2000年の7％である。
(c)2001年には前年に比し，より多くの交通事故が起きた。

解説　ドイツの交通事故死亡者が減ったことが，話題になっています。2001年には，前年に比べて確かに減ったのですが，「年々」減っているとは言っていませんので，(a)は内容に合致しません。また，7％という数字は，前年と比べて減った割合ですから，(b)は明らかに違います。最後の文は，接続詞 però で導入されており，「事故死亡者は減っている。しかし，事故件数そのものは増えている」という状況を言い表しています。なお da mezzo secolo a questa parte とは「50年前から今日まで」の意味です。da mezzo secolo in qua とも言います。

解答　(c)

練習3

(a) La somma di denaro che gli italiani hanno vinto al gioco.
(b) La somma di denaro che, vinta al gioco, non è mai stata ritirata.
(c) La somma di denaro che gli italiani hanno perso al gioco.

スクリプトと大意

Se alcuni sogni restano nel cassetto, molti altri riempiono le casse dello Stato. Sembra incredibile, ma fra il 2001 e i primi mesi del 2002 gli italiani hanno dimenticato di ritirare vincite al gioco per un totale di 173,7 milioni di euro. È quanto emerge dai dati elaborati dai gestori di giochi e dei Monopoli di Stato. Ma non si tratta solo di premi di poco peso : ve ne sono anche di consistenti, come i 10 premi da 50 mila euro della Lotteria Italia 2001, che nessuno ha mai reclamato.　　　　　　("*http://www.repubblica.it/*" *1 febbraio 2003*)

DOMANDA : Che cosa ammonta a 173 milioni di euro fra il 2001 e i primi mesi del 2002 ?

　もし，ある人々の夢が引き出しに入ったままであるとすれば，他の多くの人々の夢は国庫を満たす。信じがたく思われることだが，2001年から2002年の上半期にかけて，イタリア人は賭事の賞金を総額で１億7370万ユーロも受け取り忘れているのである。これは，賭事と国家専売の運営主が算出したデータに基づく。しかし，これは少額の賞金だけの話ではない。2001年イタリア宝くじの５万ユーロ賞金10本のような高額の当せんも含まれているが，誰も引き取りに来ないのである。

質問：2001年から2002年の上半期にかけて，１億7370万ユーロの金額に上ったものは何か？
(a)イタリア人が賭事で稼いだ金額
(b)イタリア人が賭事で稼ぎながら，引き取らなかった金額
(c)イタリア人が賭事で失った金額

解説　nel cassetto とは文字通りには「引き出しに入った」ということですが，比喩的には「実現していない」の意味で使われます。ここでは，当たりくじが換金されないで引き出しに入っていること，したがって，賞金の獲得という夢が達成されないでいることの二重の意味で用いられています。なお，イタリアでは，宝くじは政府が運営しています。

解答　(b)

練習４

(a) Dei coccodrilli che abitano in alcune stazioni della metropolitana e vivono mangiando i piccioni che vengono a prendere il treno.
(b) Dei piccioni che salgono su treni e, dopo aver mangiato, scendono alle fermate successive.
(c) Dei piccioni che abitano nelle stazioni e stanno imparando a simulare la sirena della chiusura delle porte.

スクリプトと大意

Sembrava una leggenda metropolitana, come quella dei coccodrilli nelle fogne. Ma, benché indubbiamente metropolitana, non si trattava di leggenda, come ha verificato il *New York Times* : in alcune stazioni della subway cittadina i piccioni salgono sui vagoni per scendere alle fermate successive. "Salgono in cerca di briciole e cibo, ma stanno imparando a riconoscere la sirena della chiusura delle porte", ha spiegato un controllore.　　(*"Il Venerdì di Repubblica" 15 marzo 2002, p. 23*)

DOMANDA : Di che cosa si tratta ?

それは，下水に住むワニのように，都会の伝説だと思われた。だが，まぎれもなく「都会」でありながら，『ニューヨーク・タイムズ』が確認したように，これは伝説の話ではない。市営地下鉄のいくつかの駅では，ハトが車両に乗りこみ，次の駅に着くと降りるのである。車掌はこう言う。「彼らはパンくずや食べ物を求めて乗り込んでくるのですが，扉が閉まるときの警報を認識することを学習しつつあります。」

質問：何が話題になっているのか？
(a)地下鉄の駅に住み，電車に乗りにやって来るハトを食べて生きているワニ
(b)電車に乗り，食べ物を食べた後次の駅で降りるハト
(c)駅に住み，扉が閉まるときの警報を模倣することを学びつつあるハト

> 解説　この文章の場合，1回しか出てこない piccioni という語がわからないと，何の話か見当がつきません。これが聞き取りの難しいところです。でも，piccioni が何であれ，それが電車に乗り降りするという内容を把握すれば，対応できると思います。(a)の coccodrilli については，leggenda metropolitana と言われており，実話ではありませんね。また，(c)の stanno imparando や la sirena della chiusura delle porte という字面に惑わされないように注意しましょう。

解答　(b)

練習 5

(a) un nuovo sistema di sorveglianza stradale
(b) un nuovo sistema di antifurto

(c) un nuovo sistema di parcheggio

スクリプトと大意

Pensate a una via cablata, con sensori sulla strada, telecamere digitali che vi fotografano se commettete un'infrazione, leggono la vostra targa, risalgono automaticamente alla vostra identità (di proprietario dell'auto) e vi inoltrano la multa via web, con annesse fotografie per mostrarvi il momento in cui avete violato la legge... Accadrà presto a Los Angeles, dove si stanno attrezzando 75 postazioni di questo tipo. Potete scommetterci : presto saranno migliaia.

("L'Espresso" 21 marzo 2002, p. 179)

DOMANDA : Che cosa introdurranno a Los Angeles ?

路上のセンサーやデジタル式テレビカメラが取り付けられ，ケーブルが張りめぐらされた道を想像してください。カメラは，もし何か違反を犯せば，あなた方の車のナンバープレートを読みとり，自動的にあなた方が何者か(車の所有者が誰か)をつきとめ，インターネット経由で，あなた方が規則を破った瞬間を示すために写真も添付して，罰金の通達を送ることになるでしょう。ロサンジェルスでは，近々こんな風になりそうです。現在，この種の設備が75カ所で設置されつつあります。あなた方は，きっとおっしゃることでしょう。数千カ所以上になるのは，時間の問題であると。

質問：ロサンジェルスに導入されるのは何か？
(a)新しい道路監視システム
(b)新しい盗難防止システム
(c)新しい駐車システム

解説 一般的にあまりなじみのない単語が用いられていますが，カメラがナンバープレートを写真に撮り，それを違反の証拠に用いることは理解できると思います。un'infrazione(違反)とか la multa(罰金)といった言葉にも注意しましょう。

解答 (a)

🔊 30　練習 6

(a) Ha litigato con il suo coinquilino che non gli permette di rientrare.
(b) Ha lasciato la chiave in casa e non può rientrarci.
(c) Vuole parlare con il proprietario della casa, ma ha dimenticato il suo numero di telefono.

スクリプトと大意 ■■

Laura :　　Pronto !
Leonardo : Ciao, Laura. Sono Leonardo.
Laura :　　Ciao, Leonardo. Come va ?
Leonardo : Senti, ho un problema.
Laura :　　Che è successo ?
Leonardo : Senti che stupido ! Sono uscito di casa lasciando la chiave dentro. Così sono rimasto chiuso fuori.
Laura :　　Accidenti ! Ma, non c'è il tuo coinquilino ?
Leonardo : No. Proprio ieri è andato in Grecia. Torna soltanto fra due settimane.
Laura :　　Neanche il proprietario ?
Leonardo : Gli ho telefonato tante volte, ma non l'ho trovato. Non ho idea di dove sia. Come posso fare ?
Laura :　　Non preoccuparti ! Vieni da noi. C'è anche un letto libero, perché stanotte mio fratello è dalla sua fidanzata.
Leonardo : Grazie, Laura. Vengo subito da te.

DOMANDA : Quale problema ha Leonardo ?

ラウラ：　　もしもし。
レオナルド：もしもし，ラウラ。レオナルドだけど。
ラウラ：　　こんにちは，レオナルド，どうしているの？
レオナルド：実はね，困ったことがあって。
ラウラ：　　何かあったの？
レオナルド：何と僕は間抜けなんだろう。家を出るときにね，鍵をなかに置いたまま出ちゃったんだよ。なかに入れないんだ。
ラウラ：　　それは困ったわね。でも，ルームメートはいないの？

レオナルド：いないんだ。ちょうど昨日，ギリシャに行っちゃってさ。2週間たたないと戻ってこないよ。
ラウラ：　　大家さんもいないの？
レオナルド：何回も電話したよ。でも，つかまらない。どこにいるのか見当もつかないんだ。どうしよう？
ラウラ：　　心配しないで。私の家にいらっしゃいよ。ベッドも一つ空いているから。今日は兄さんは彼女の所へ行っているのよ。
レオナルド：ありがとう，ラウラ。これからすぐ君の家へ行くよ。

質問：レオナルドは何に困っているのか？
(a)ルームメイトと喧嘩をし，家に入れてもらえない。
(b)鍵を忘れて，家に入ることができない。
(c)大家と話をしたいが，電話番号を忘れてしまった。

解説　Sono uscito di casa lasciando la chiave dentro, sono rimasto chiuso fuori がポイントであり，これが理解できれば，問題なく正解に達するでしょう。もしここがわからなくても，ルームメイトが留守であること，大家とも連絡がつかず，友達 Laura のところに泊まることになったことなどが聞き取れれば，(a)や(c)は除外できるではずです。

解答　(b)

parte IV

内容把握問題：課題文のみが録音，選択肢は印刷されているもの

練習

Ascoltare la registrazione e scegliere fra a, b, c.

練習 1

Si ammala meno
(a) chi beve un po' ogni giorno.
(b) chi non beve mai.

⒞ chi beve molto una o due volte alla settimana.

スクリプトと大意

Un bicchierino quotidiano salva dal diabete. Secondo una ricerca svolta dall'Università di Harvard, chi beve dai 15 ai 30 grammi di alcol al giorno, cioè un boccale di birra o un quartino di vino, ha un rischio di ammalarsi che è di un terzo inferiore rispetto a quello degli astemi. Lo studio, svolto su quasi 50 mila uomini di mezza età, dimostra che è proprio il consumo moderato o regolare a offrire la miglior difesa. "Il rischio cala bevendo poco almeno cinque giorni su sette", afferma Katherine Conigrave, uno degli autori: "Chi invece concentra le bevute una o due volte la settimana si ammala come gli altri". ("L'Espresso" 8 novembre 2001, p. 148)

毎日1杯のお酒が，糖尿病を防ぐ。ハーバード大学の行った研究によれば，1日に15〜30グラムのアルコール，つまりビールならばジョッキに1杯，ワインならば4分の1リットルほど飲む人の罹病率は，お酒を飲まない人に比べて3分の1少なくなる。約5万人の中年男性を対象に行われた研究は，度を越さない規則的な飲酒が最大の防御となることを示している。「罹病の危険性は，1週間に最低5日少し飲むことで低下します」と研究責任者の一人，キャサリン・コニグレイヴは語る。「これに対し，1週間につき1回ないし2回に飲酒を集中する人は，その他の人々と同じくらいの罹病率になるのです。」

病気にかかりにくいのは，
⒜毎日少し飲む人。
⒝まったく飲まない人。
⒞1週間に1，2度集中的に飲む人。

解説　最初の1文にこの記事の内容は凝縮されています。この1文がわかれば，後は簡単です。もしかするとdiabete（糖尿病）という単語に戸惑うかも知れませんね。でも，話題はアルコールの摂取量であること，大学におけるアルコールに関する研究ということになれば，必然的に健康がテーマとなります。たとえ最初に聞いたときわからなくても，un rischio di ammalarsi や il consumo moderato o regolare などに

▎注意してもう一度冷静に聴き直せば，対処できることでしょう。

解答 ▎(a)

練習 2

Gli scioperi nel settore aereo sono previsti
(a) il 14, il 17, e il 24 febbraio.
(b) il 24 febbraio, dalle 14 alle 17.
(c) il 22 e il 23 febbraio.

スクリプトと大意

ROMA - Ancora una breve tregua, poi riparte il programma degli scioperi dei trasporti previsti nelle prossime settimane, che coinvolgeranno i settori aereo, ferroviario e marittimo. A risentirne maggiormente dovrebbero essere i passeggeri che hanno deciso di volare il 14, 17 e 24 febbraio, a causa dell'astensione dal lavoro dei controllori del traffico aereo (14 e 24) e del personale aeroportuale e del catering di Linate, Malpensa e Bergamo (17). Il personale ferroviario e marittimo delle Ferrovie ha invece proclamato l'astensione dal lavoro di 24 ore fra il 22 e il 23 febbraio.

(*"http://www.repubblica.it/" 8 febbraio 2003*)

ローマ発。小休止ののち，次週以降に予定されていた交通ストの計画は，再始動する。今度は空の便，鉄道，船舶を巻き込むことになりそうである。とくにストについて再確認すべき乗客は，2月の14, 17, 24日に飛行機に乗ることにした人々。これは，管制塔の業務停止(14, 24日)やリナーテ，マルペンサ，ベルガモの空港職員やケータリングの業務停止(17日)のためである。一方，国鉄の鉄道，船舶の職員は2月22日から23日にかけて24時間ストを行うことを発表した。

飛行機のストはいつ予定されているか？
(a) 2月14日 17日 24日
(b) 2月24日 14時から17時
(c) 2月22日と23日

解説	ストが行われる部門として，まず，飛行機，鉄道，船舶があげられています。最初の回でよく聞き取れなくても，鉄道と船の情報は最後の部分で比較的わかりやすく言われているので，2回目には，A risentirne maggiormente dovrebbero 以降を注意して聴けばよいことになります。

解答 ▌ (a)

練習 3

Sette anni fa l'autrice di Harry Potter, Joanne Kathleen Rowling,
(a) lavorava come baby-sitter per aiutare sua madre disoccupata.
(b) aveva 34 anni e aveva già cominciato ad affermarsi come scrittrice.
(c) era disoccupata e passava i pomeriggi in un bar.

スクリプトと大意

Il 16 febbraio esce *Il Calice di Fuoco*, quarto volume della saga di Harry Potter, il fenomeno editoriale del momento. Sette anni fa, la sua autrice, Joanne Kathleen Rowling era una ragazza madre disoccupata che, mentre la figlioletta dormiva, passava i pomeriggi a scrivere al caldo di un bar di Edimburgo. Oggi, con tre dei maggiori bestseller mondiali di tutti i tempi al suo attivo*, la scrittrice trentaquattrenne compare al venticinquesimo posto nella lista "Forbes" delle 100 celebrità più potenti.　　　　(*"Il Venerdì di Repubblica" 9 febbraio 2001, p. 16*)

*al suo attivo：本来，「彼女の(帳簿の)貸し方にある」ですが，転じて「彼女の人物評の上でプラスとなる」の意味で使われています。

2月16日には，目下出版業界のブームである，ハリー・ポッターの第4作目，「炎のゴブレット」が発売される。7年前，作者ジョアン・キャサリーン・ローリングは，失業中の若い母親であった。幼い娘が眠っているあいだ，彼女はエジンバラのバールで暖を取りながら，執筆に午後を費やしたものだった。現在，空前の世界的大ベストセラーとなった3作品のおかげで，34歳の作家は『フォーブス』の発表した100人の有力著名人リストの25位に位置している。

7年前ハリー・ポッターの作者であるジョアン・キャサリーン・ローリング

は,
(a) 失業した母親を助けるためにベビーシッターとして働いていた。
(b) 34歳で,すでに作家として頭角を現していた。
(c) 失業中で,午後をバールで過ごしていた。

解説　問題になっているのは7年前ですから,Sette anni fa, ... の文をとくに注意して聴きましょう。(b)の34歳は現在の彼女の年齢ですから,これはすぐ排除できます。単語の配列に気を奪われていると,うっかり(a)を選びそうですが,失業しているのは彼女自身です。

解答　(c)

練習4

Chi ha collaborato all'esperimento di Brodsky,
(a) ha guidato la macchina con un sistema di navigazione, ascoltando della musica.
(b) ha simulato la guida per le strade di Chicago, ascoltando della musica.
(c) ha guidato la macchina a Chicago, ascoltando della musica.

スクリプトと大意

La velocità uccide, specie quella a suon di musica. Lo afferma un ricercatore dell'Università israeliana Ben-Gurion, Warren Brodsky, che ha svolto un test su una trentina di studenti. Messi al volante di un simulatore di guida, hanno virtualmente percorso le strade di Chicago, ascoltando della musica. Ebbene, si è visto che il ritmo influenza gli incidenti. "Salendo dalle 60 battute al minuto di una ballata di George Benson alle 120-160 battute di un pezzo rock, si sono registrati più infrazioni e più incidenti", spiega Brodsky. Il rimedio? Al volante meglio musica tranquilla, e senza tenere il volume troppo alto.　　　("*L'Espresso*" 4 aprile 2002, p.124)

速度は殺す,とくに音楽の音の速度は。このことを確認したのは,イスラエルのベン・グリオン大学の研究者,ウォーレン・ブロツキーである。彼は30

人の学生に対してテストを行った。学生は自動車の運転シミュレーターに座り，音楽を聴きながらシカゴの道路を仮想的に走る。そして，リズムが事故に影響を与えることがわかった。ブロツキーは説明する。「ジョージ・ベンソンのバラードの1分間60拍からロックの120〜160拍に速めると，記録される違反や事故の件数が増えました。」対策は？ ドライバーには，落ち着いた音楽の方がよく，それも音量をあまり上げすぎないこと。

ブロツキーの実験に協力した人は，
(a)音楽を聴きながら，ナビゲーションシステムで自動車を運転した。
(b)音楽を聴きながら，シミュレーターでシカゴの町を運転した。
(c)音楽を聴きながら，シカゴの町を運転した。

解説 | simulatore di guida もしくは hanno virtualmente percorso le strade が理解できれば，問題ないはずです。最初よくわからないと思っても，問題文をヒントに，2回目で un test su una trentina di studenti 以降にとくに注意を払って聞き直してみましょう。

解答 | (b)

練習5

La multa può ammontare fino a 500 euro se si fuma
(a) in caserma.
(b) dal barbiere.
(c) in presenza di donne incinte o di bambini.

スクリプトと大意

Arrivano multe salate per chi fuma dov'è vietato. A far rispettare il no alle sigarette e ad applicare le relative sanzioni saranno, soprattutto, i militari dell'Arma. Accendere la sigaretta in barba al divieto costa, dal primo gennaio, molto caro : da 25 euro a 250 euro ma si arriva fino a 500 euro se la sigaretta si accenderà in un locale dove c'è una donna incinta o in presenza di lattanti o bambini fino a 12 anni.

(*adatt. da "http://www.repubblica.it/" 9 gennaio 2002*)

禁じられた所でタバコを吸う人には痛い罰金が導入される。とりわけ憲兵には，禁煙を遵守させ，違反者の処罰を実行することになる。禁止を無視してタバコに火をつけることは，1月1日以降，大変高くつくことになる。25ユーロから250ユーロだが，もし妊娠している女性がいる場所や乳児や12歳以下の子供のいる場所でタバコに火をつければ，500ユーロにまで上る。

罰金が500ユーロにまで達するのは，
(a)兵舎で喫煙する場合
(b)理髪店で喫煙する場合
(c)妊娠している女性や小さな子供がいる場所

解説　in barba al divieto (in barba a ... で「…におかまいなしに」の意味) という語句に少し戸惑うかもしれませんが，ma si arriva fino a 500 euro se 以下に注意して対処すれば，問題ないと思います。

解答　(c)

練習6

Dal 1980 al 1999
(a) i fumatori maschi sono diminuiti, ma le fumatrici sono aumentate.
(b) non solo i fumatori maschi, ma anche le fumatrici sono diminuite.
(c) i fumatori maschi sono aumentati, ma le fumatrici sono diminuite.

スクリプトと大意

In Italia ci sono circa 12 milioni di fumatori al di sopra dei 15 anni, una popolazione in continuo mutamento : diminuiscono infatti negli ultimi anni gli uomini dipendenti dalla nicotina, che passano da più del 50 per cento del 1980 a meno del 40 per cento del 1999, ma aumentano le donne, che sono passate dal 16,7 per cento a circa il 30. A smettere di fumare sono quindi in percentuale più gli uomini, di ogni età, ma soprattutto quelli che hanno passato i 55 anni.

(adatt. da "L'Espresso" 30 novembre 2000, p. 141)

イタリアでは，15歳以上の喫煙者が1200万人おり，これは絶えず変化する人口である。事実最近は男性のニコチン依存者は減少しつつあり，1980年の50％以上から1999年は40％以下に減っている。しかし女性は増加しており，16.7％から約30％と多くなっている。したがってタバコをやめるのは，百分率にして男性の方がすべての年代において多く，とりわけ55歳を過ぎてやめる人が多い。

解説 ▍ 本文では gli uomini dipendenti dalla nicotina と称されていますが，これは選択肢の fumatori maschi に他なりません。数値が聞き取れなくても，男性の喫煙者は減っているのですから(c)が誤りであることはすぐわかるはずです。一方，女性の喫煙者は，増えているのですから(b)も誤りです。

解答 ▍ (a)

parte V

印刷されたイタリア語の文が，録音の内容に即しているかどうかを判断させる問題

練習

Ascoltare la registrazione e scegliere fra VERO e FALSO.

(((37 練習 I
① L'epidemia è arrivata anche in Italia.
② Il virus ha provocato 4 morti fra gli studenti agrigentini.
③ I ragazzi agrigentini torneranno a casa secondo il programma.

VERO FALSO
□ □
□ □
□ □

スクリプトと大意

La paura di un'epidemia provocata da un virus-killer scuote la Grecia e arriva anche in Italia. Il virus che provoca l'infezione della membrana cardiaca e degli stessi tessuti del cuore, detta miocardite, ha provocato 4 morti e trenta casi sospetti nella penisola ellenica e un grande allarme tra i genitori di un centinaio di studenti degli istituti superiori di Agrigento da alcuni giorni in gita scolastica in Grecia. I ragazzi, però, non sembrano in condizione di rischio e non anticiperanno il rientro a casa.   (*"http://www.repubblica.it/"* 24 aprile 2002)

殺人ウィルスが引き起こした疫病に対する恐怖は，ギリシャを揺るがし，イタリアにも達する。心臓膜と心臓組織自体の感染，いわゆる心筋炎を引き起こすウィルスは，ギリシャに 4 人の死者と，発症例と思しき30人の患者を出した。そして，アグリジェントからギリシャに修学旅行で行っている高校生約100人の親たちのあいだには，大きな不安が広がっている。しかし，生徒たちは危険な状態にはない模様であり，帰宅を早める予定もない。

(a)疫病はイタリアにもやってきた。
(b)ウィルスは，アグリジェントの学生のあいだに 4 人の死者を出した。
(c)アグリジェントの学生たちは予定通り帰宅することになるだろう。

解説　この記事には，membrana cardiaca（心臓膜）とか miocardite（心筋炎）など一般にはあまりなじみのない語句が含まれています。しかし，この手の語句に惑わされることなく，情報の大筋や文章の展開をつかむように心がけてください。与えられた(a)～(c)の文を素早く読みとり，あらかじめトピックとなる事柄に注意を傾けましょう。その際，鍵となるのは接続詞であり，最後の文に含まれている però に注意してください。細部が聞き取れないと感じても，「親たちは心配している。でも，疫病の危険はなさそうだ」という主旨は理解できるでしょう。

解答　① FALSO　② FALSO　③ VERO

練習 2

VERO　FALSO

① In Italia il mondo del lavoro non rispetta la maternità. □ □
② In Lombardia e Veneto ci sono ragazze che sono costrette a firmare una lettera di dimissioni quando sono incinte. □ □
③ In Lombardia e Veneto si escludono immigrati dal mondo del lavoro per impiegare di più le donne italiane. □ □

スクリプトと大意

"Oggi la maggior parte delle donne giovani, oltre ai bambini desidera il lavoro e fa di tutto per ottenerlo. Ma in Italia il mondo del lavoro guarda ancora alla maternità come un grave impaccio, una specie di handicap. In due regioni di punta come la Lombardia e il Veneto è esploso lo scandalo delle lettere di dimissioni con la data in bianco. Molte aziende assumono le ragazze a patto che firmino questo tipo di lettera. E la tirano fuori appena la lavoratrice resta incinta, ovviamente sfidando la legge. Il paradosso è che Veneto e Lombardia sono le stesse regioni che poi chiedono a gran voce quote più alte di immigrati. È solo un esempio di mentalità aziendale pochissimo friendly verso le mamme". ("L'Espresso" 21 marzo 2002, p. 46)

「現在若い女性の大部分は，子供の他に仕事を望んでおり，何とかしてこれを得ようとしています。しかし，イタリアでは，相変わらず産業界は女性が母親になることを，迷惑千万なこと，一種のハンディキャップと見なすのです。ロンバルディーア，ヴェネトという産業の最前線となる2つの州では，日付欄を空白にした辞表のことがスキャンダルとなりました。多くの企業が，この種の手紙にサインすることを条件に，若い女性を採用しているのです。そして女性が妊娠するやいなや，この辞表を引っぱり出すというわけです。これは明らかに違法ですよ。おかしなことに，ヴェネトやロンバルディーアは，まさに移民労働者を増やすことを声高に叫んでいる州でもあるのです。これは母親に対して冷たい企業体質の，ほんの一例にすぎませんけれど。」

①イタリアの産業界では，女性が母となることが尊重されていない。
②ロンバルディーアやヴェネトでは，妊娠したときに辞表にサインすることを強いられる女性がいる。
③ロンバルディーアやヴェネトでは，イタリア人女性を採用するために，移民が排斥されている。

解説 ▌ 社会学者 Chiara Saraceno 氏のインタビューから採った，たいへん明晰な議論です。多くの若い女性が，子供と働くことを望んでいることは，第1文からわかります。第2文は，Ma(しかし)によって導入されており，女性が望んでいるにもかかわらず，企業の方はそれを望まないという対比が見えてきますね。この Ma が大切です。さらに Il paradosso è (矛盾したことですが，おかしなことですが)以下は，労働力不足なのだが子供を持つ女性を排斥しようとするヴェネトやロンバルディーアの産業界が抱える矛盾を説明しています。この導入句も，議論の展開を把握する上で重要な目印になります。1回目で細部が聞き取れなくても，2回目はこうした接続詞や導入句に注意を払い，落ち着いて聞くように心がけてみましょう。本文によれば，女性は日付欄を空白にしたまま，あらかじめ辞表にサインすることを採用時に求められます。いざ妊娠すると辞職させられるのですから，②は本文の意味に合致しません。

解答 ▌ ① VERO　② FALSO　③ FALSO

練習3　　　　　　　　　　　　　　　　　　　　　　　VERO　FALSO

① Mark Shuttleworth vuole realizzare il sogno che aveva a sei anni. □　□
② Shuttleworth si prepara a diventare il secondo turista spaziale dopo Dennis Tito, suo connazionale. □　□
③ Shuttleworth ha problemi di debiti. □　□
④ La somma che Shuttleworth pagherebbe per il viaggio è gradita all'agenzia spaziale russa che si trova in difficoltà finanziarie. □　□

スクリプトと大意

Quando aveva sei anni sognava di andare sulla Luna e costruiva dei mini razzi nel giardino di casa utilizzando come propellente dello zucchero bruciato. Oggi Mark Shuttleworth, 28 enne sudafricano di Città del Capo, si appresta a diventare il secondo turista spaziale della storia dopo Dennis Tito, il miliardario americano che nell'aprile dello scorso anno ha aperto l'era dei viaggi turistici nello spazio. E come Tito, per realizzare il suo sogno il giovane non ha esitato a staccare un assegno da 20 milioni di dollari alla Rosaviakosmos, l'agenzia spaziale russa, ben contenta di dare ossigeno alle sue asfittiche* casse.

("*L'Espresso*" 28 marzo 2002, p. 185)

＊asfittiche：「窒息している，喘いでいる」

彼は6歳のとき，月に行くことを夢見ており，庭で小さなロケットを組み立て，砂糖を燃やし燃料としていた。現在，ケープタウン出身の南アフリカ人，マーク・シャトルワースは28歳である。昨年4月，宇宙観光旅行の時代を拓いたアメリカの億万長者，デニス・チトーに次ぐ史上2人目の宇宙観光旅行者になる準備をしている。チトーのように，自分の夢の実現のためには，この若者は2000万ドルの小切手を，ロシアの宇宙旅行代理店ロザヴィアコズモスのために切ることに躊躇しない。代理店は，資金難に喘ぐ金庫に酸素を送り込むことができるというので，大喜びである。

①マーク・シャトルワースは6歳のとき抱いていた夢を実現したいと思っている。
②シャトルワースは，同国人のデニス・チトーに次ぐ史上2人目の宇宙観光旅行者になる準備をしている。
③シャトルワースは，借金に困っている。
④シャトルワースが旅行に支払う代金は，財政難の宇宙旅行代理店にはありがたい。

解説　聞くときに細部にとらわれすぎないことは大切ですが，問題そのものに落とし穴が含まれる場合もあるので，与えられている文の読解には細心の注意が必要です。たとえば，②はconnazionale(同国人の)なる形容詞が付け加えられており，デニス・チトーはアメリカ人，マーク・シャトルワースは南アフリカ人ですから，本文に合致しません。

> ④は，難問です。最後の ben contenta di dare ossigeno alle sue asfittiche casse が理解できるかにかかっています。これは「金庫」をひっ迫した財政事情，「酸素」をお金にたとえた隠喩です。本来，宇宙飛行者に酸素を提供するのは，ロケットを飛ばす側のはずなのですが。やや皮肉の込められたレトリックといえるのではないでしょうか。

解答 ┃ ① VERO　② FALSO　③ FALSO　④ VERO

練習 4

VERO　FALSO

① Grazie alla nuova iniziativa delle Poste italiane i ragazzi al di sotto dei 18 anni potranno avere un libretto di risparmio personale. □ □
② Con un minimo 10 euro, tutti i ragazzi potranno aprire il conto senza la tutela dei loro genitori. □ □
③ L'interesse fissato per i loro libretti è un po' più basso rispetto a quello per i libretti di risparmio ordinario. □ □
④ I loro libretti sono esonerati da tasse e da spese di gestione. □ □

スクリプトと大意

Niente più salvadanaio per la paghetta dei teenager : da domani anche i giovanissimi potranno avere un libretto di risparmio personale. Lo ha annunciato Poste italiane, che vara ben tre libretti a seconda della diversa fascia d'età, "Io cresco", "Io conosco" e "Io capisco". Potranno utilizzarli tutti i ragazzi che non hanno ancora compiuto i diciotto anni, e sarà possibile "mettere da parte" fino ad un massimo di 10 mila euro.

Aprire il conto è semplice : potranno farlo i genitori del minore, congiuntamente, o quello che esercita in esclusiva la potestà, con un versamento minimo di 10 euro. I libretti possono essere intestati ad un solo ragazzo, e potranno arrivare ad un massimo di 10 mila euro. Agli under 18 frutteranno un interesse di 0,25 punti superiore a quello fissato per i libretti di risparmio ordinario (2,25% lordo), saranno esenti da imposta di bollo e non comporteranno alcuna spesa di gestione.　　　　　　("*http://www.repubblica.it/*" *14 febbraio 2003*)

十代の子供たちのお小遣いにもう貯金箱はいらない。明日から少年少女も，個人名義の貯金通帳を持つことができることになる。このことをイタリア郵便局は発表し，年齢層に応じて「そだつ（イオ・クレスコ）」「しる（イオ・コノスコ）」「わかる（イオ・カピスコ）」の少なくとも3つの貯金通帳を始める。まだ18歳になっていない，すべての少年少女が使うことができ，最高で1万ユーロまで貯金することができる。

口座を開くのは簡単である。子供の父親と母親が連れ立って，もしくは親権を独占的に有する父親または母親のどちらかが開くことができる。最低10ユーロ払えばよい。通帳は子供個人の名義となり，貯金額は最高で1万ユーロまで可能になる。18歳以下の子供には，通常の貯金通帳に定められた利子（税引き前2.25%）よりも0.25%よい利子がつけられる。印紙税は免除され，口座管理料もかからない。

① 郵便局の新規事業のおかげで，18歳未満の少年少女も個人名義の通帳を持つことができるようになる。
② 少なくとも10ユーロ払えば，すべての子供たちは親の保護管理なしに口座を開くことができる。
③ 子供たちの通帳向けに定められた利子は，通常の貯金通帳の利子よりも少し低い。
④ 子供たちの通帳は，税金や口座管理料が免除されている。

解説　① これは第1段落から明らかです。tutti i ragazzi che non hanno ancora compiuto i diciotto anni は質問文のなかでは i ragazzi al di sotto dei 18 anni と言い換えられています。
② 第2段落には，Aprire il conto è semplice: potranno farlo i genitori del minore, ... とありますから，両親または親権を持つ片親の管理のもとで口座は開かなければなりません。なお la potestà は「親権」のことです。
③ frutteranno un interesse di 0,25 punti superiore a quello fissato ... とありますから，これはまったく逆です。子供が受け取る利子は，2.5%ということになります。
④ 本文に saranno esenti da imposta di bollo e non comporteranno

alcuna spesa di gestione とありますから,これは合致しています。imposta di bollo は印紙税,spesa di gestione は口座管理料のことです。

解答 ① VERO ② FALSO ③ FALSO ④ VERO

第14章 二次試験

イタリア語検定2級では，一次試験（聞き取りおよび筆記試験）の合格者を対象とした二次試験が行われます。その形式，傾向，対策について，最後に簡単に触れておきたいと思います。

形式

口述試験ですが，1998年頃から事前に課題文を読み，課題文のテーマをもとにした質疑応答が行われるという形に固定化されつつあるようです。しかし細部については，今後変更されることがあるかもしれません。

課題文の黙読（10〜15分間）

受験者は自分の順番が回ってくるまで待ちます。順番が回ってきたら，黙読室に入ります。黙読用の課題文のプリントは複数あり，初めにテーマの一覧（すべてイタリア語で表記）が示されます。受験者はそのうちの一つを選択し，テーマに応じた課題文を手渡されることになっています。そのプリントを所定の時間内に読み，自分の考えをまとめてください。プリント以外のものを見ることはできませんが，考えをまとめるためのメモ用紙を使うことは許されています。ただし，引き続き行われる面接の際には，メモを見ることはできません。黙読の制限時間終了とともに，課題文も回収されてしまい，再び見ることはできません。

面接（15分間）

試験官はイタリア人と日本人をあわせ，複数で構成されます。最初に簡単な自己紹介を求められ，ついで課題文についての質疑応答が続きます。受験者はどのテーマを選び，その選択の理由は何か，またどんな感想や意見を持ったかなどと尋ねられることになります。面接の状況は録音さ

れますが，その目的については「受験される皆様の面接評価についての厳正を期するため」と説明されています。

傾向

どんな課題文が過去用意されてきたかですが，これについては公表されていないので，何とも言えません。しかし，テーマ一覧については以下のようになっています。

1998年
1 サッカー
2 音楽
3 宝くじ
4 都市の動物
5 家にいる子供
6 今日の若者
7 シングル用の家
8 貪食の罪
9 自由な時間
10 流行

1999年
1 都市の汚染
2 携帯電話
3 イタリアでの買い物
4 映画
5 刺青
6 イタリアのスト
7 新しいパパ
8 スポーツにおける女性

2000年
1 理想の男性・女性
2 イタリア語の勉強
3 多民族社会
4 イタリアの旅行
5 大都市と小都市
6 外国での結婚式
7 若者と学校
8 都市と労働

2001年
1 イタリアでの休日（日曜日）の過ごし方，日本の休日の過ごし方
2 ローマのようなイタリアにおける大都市の道路のゴミ問題
3 髪を染めることについて
4 女性がハンドバックに入れるもの，男性がカバンに入れるもの

2002年
1 ペット
2 外国から取り入れたお祭り
3 家族と両親の役割・伝統と新しい傾向
4 今日の社会の病

このように年々選択肢は少なくなっていますが，大まかに言えばこれら

のテーマは，以下の5つに分類できるのではないでしょうか。

①レジャーのあり方
②環境問題，都市問題
③流行や社会現象
④ジェンダー論
⑤家庭や家族のあり方

上記の①②③④は2001年の1，2，3，4にそれぞれ対応します。2001年の出題は，これまでの出題を振り返り，分類した結果のようにも思われます。それに比べると，2002年のテーマはややあいまいです。
①～⑤はいずれも今日的なテーマであり，一般的にイタリア社会ではよく話題になるものです。したがって，語学学校の授業などでもよく題材として用いられます。

対策

試験の形式からもわかるように，ただ話すだけの試験ではありません。言葉以外のことが問題になっています。仮に同じ形式で日本語の試験を受けたらどうか，ということを想像してみればよいと思います。もしも課題文の主旨が今一つつかめず，テーマについて定見もなければ，さしたる興味もないということになれば，たとえ母国語であっても面接はうまく行きません。

テーマに強くなるための読書

テーマを一つ選ぶところから試験は始まるのですから，まずは特定のテーマに強くなるという戦略で臨んではいかがでしょうか。「傾向」の項で見たように，出題例がほぼ①～⑤に分類されるということであれば，この出題傾向とご自分の興味や専門に応じて，強化分野を決めるのがよいと思います。たとえばモードに関心があれば，③に関連するような新聞記事や雑誌記事をふだんから中心に読み，そのなかでよく使われるような語句や思考法に慣れ親しみ，話題を豊富にするのです。もし，環境

問題に興味があれば，②を専門分野として視野を拡大して行くという方針で勉強してみてはいかがでしょうか。旅行や観光業に従事している方は，①を強化分野にすればよいでしょう。知識や情報はイタリア語の読書のみならず，日本語の読書からも得られます。語学は上級になればなるほど，こうした専門性が要求されるのだということを自覚してください。

要旨をまとめる

すでに「テーマに強くなるための読書」でも述べましたが，課題文の読解が前提となる試験ですから，イタリア語の読解の鍛錬を日々怠ってはなりません。自分の得意分野に関係する本を読んだり，インターネットなどを活用して新聞記事や雑誌記事を読みあさりましょう。そして勉強時間がまとまって取れるときに，これは面白いと思われる記事を選び，要旨を自分のイタリア語でまとめる訓練をしてみてください。これは記事内容を自分の言葉に引きつける訓練であり，テーマに関する自分の思考を活性化させるための作業です。最初のうちは相当難しいので，時間をかけて書いてみるということでも構いません。徐々に，メモをとらず，口頭で要約ができるようになることを目指して頑張ってみてください。そしてその上で，自らの考えを述べるという訓練をしてみてはいかがでしょうか。

本番の試験ではメモ用紙が与えられますが，これは面接のときには見てはならないので，結局メモとしては使えないことになります。メモ用紙に書き記すということは，あくまでも考えを整理するための作業です。紙にキーワードを書き出し，視覚的に大系づけたり，図式的化するとよく考えがまとまるようであれば，十全に活用してください。もし，メモ用紙なしでもこの作業ができれば，紙は必要ないのです。だから，メモの作り方，有効な利用法にこだわるのは本末転倒です。

面接では冷静に，会話を楽しむ

口述試験では，多かれ少なかれ予想外のことが起きます。必ず起きます。試験の進め方が自分の想定とは微妙に違ったり，絶対に聞かれると思ったことが聞かれなかったり，逆に思いもよらない質問を受けたり，試験

官の言葉が聞き取りにくかったり，思ったよりも早口だったなど数え上げればキリがありません。これはありきたりの精神論になってしまい恐縮ですが，どんな事態になってもパニックに陥らないことが肝心です。
面接では，発音や文法的正確さはもちろん評価対象の一項目になります。しかし，完璧なイタリア語を話そうと必要以上に力む必要はありません。一次試験を突破したあなたが，イタリア語の文法知識を十分に備え，聞き取りの力はかなりの水準に達しており，なかなか魅力的な文章を書く人だということは試験官もよくわかっています。試験官はここまで努力し，イタリア語学習に情熱をかけてきた自分に興味を抱き，迎えているのだと考えてよいのです。だから，ちょっと活用を間違えたり，冠詞を間違えたり，形容詞類と名詞の性・数がずれたりしても，あまり気にしないでください。イタリア人だって緊張すると，文法的間違いを犯すことはあるのですから。ちょっとしたつまずきを気にするあまり，話せなくなることこそ問題です。

大切なのは，試験官とのあいだで上手に言葉を交わし合い，お互い楽しい15分を過ごすことができたと思えるかどうかということです。ですから，与えられたテーマに関してすぐれた分析をしたり，有益な解決策を述べなければならないというわけではありません。むしろどんなにあなたが正論を理路整然と述べ切ったとしても，相手の言うことに耳を傾けなかったら，コミュニケーションにはならないのです。話すことも大切ですが，それ以上に相手の言うことを聞くことが大切です。もし相手の質問がよくわからなかったら，「○○とはどういうことですか？」「どういう意味で○○とおっしゃったのですか？」と逆に聞き返してもよいと思います。選んだテーマに関してキーワードとなる単語がイタリア語でどう言うのかを度忘れしてしまった場合でも，相手の質問の言葉を注意深く聞くことによって思い出すこともありますし，相手の言葉のなかに含まれていることすらあります。試験においては辞書は使えませんが，目の前に「生きた辞書」が座っているのですから，これを有効に利用しない手はありません。コミュニケーションの能力は，発信だけに発揮されるのではないのです。

イタリア語検定2級の二次試験は，たしかにしんどい試験です。しかし，以上の「対策」から，二次試験突破には特別な勉強法があるわけではな

いことがわかっていただけたかと思います。文法の勉強にせよ，読解にせよ，作文にせよ，聞き取りにせよ，一次試験突破のためにやって来たことが，二次試験でもやはり生きるのです。二次試験は，これまでやって来たことの集大成と位置づければよいと思います。

●**音声ダウンロード・ストリーミング**

本書の付属 CD と同内容の音声がダウンロードならびにストリーミング再生でご利用いただけます。PC・スマートフォンで本書の音声ページにアクセスしてください。

https://www.sanshusha.co.jp/np/onsei/isbn/9784384004816/